W0045665

FRITZ TH. OVERBECK
# Eine Kindheit in Worpswede

Dem Andenken an die Eltern,
den Maler Fritz Overbeck
und die Malerin
Hermine Overbeck-Rothe

# FRITZ TH. OVERBECK

# Eine Kindheit in Worpswede

CHRISTIANS

*Umschlaggestaltung Klaus Detjen*

CIP-Kurztitelaufnahme der Deutschen Bibliothek
*Overbeck, Fritz Th.:*
Eine Kindheit in Worpswede / Fritz Th. Overbeck. –
2. Aufl. – Hamburg: Christians, 1983.
1. Aufl. im Röver-Verl., Bremen
ISBN 3-7672-0637-4

Nachdruck der im Friedrich Röver Verlag
erschienenen Ausgabe
© Hans Christians Verlag, Hamburg 1983
Alle Rechte vorbehalten
ISBN 3-7672-0637-4
Printed in Germany

# Inhalt

# Weihnachten

Weshalb das Haus, das unser Vater sich im Jahre 1897, kurz vor seiner Verheiratung, in Worpswede erbauen ließ, unter Freunden »Zum Gürteltier« genannt wurde, weiß ich nicht. Vater hielt zwar gerne allerlei Getier wie Eidechsen, Ringelnattern, Schildkröten, auch einmal einen Igel sowie die Laubfrösche »Friedrich I.«, »Friedrich II.«, »Friedrich III.« und so fort, doch hat zu den Hausgenossen niemals ein Gürteltier gezählt. Immerhin ist es möglich, daß die Phantasie meines zoologisch so interessierten Vaters im Aussehen unseres bescheidenen Häuschens eine gewisse Ähnlichkeit mit einem Gürteltier erblickte. Das wäre dann aber wirklich eine neuartige Betrachtungsweise gewesen, denn so sehr viel anders, als sonstige Häuser, sah die zur Dorfstraße gestellte Front eigentlich nicht aus. Nur in einer Hinsicht bot sein Anblick vielleicht etwas Besonderes: Auf der rechten Seite des Hauses, so daß sie in überraschender Weise die Symmetrie der Front durchbrachen, saßen dicht nebeneinander zwei ganz kleine Fensterchen; sie befanden sich über dem Eßzimmer dicht unter dem Dach und schauten von dort aus, gleich einem lustigen Augenpaar, auf den Vorgarten und die Straße herab.

7

So klein diese Fenster waren, so groß war ihre Bedeutung für mich, denn sie gehörten der Kinderstube an und waren tatsächlich die Augen, durch die ich während der ersten vier Jahre meines Daseins die wesentlichsten Eindrücke von der großen Welt empfing. — Wie hübsch war es von Vater ausgedacht, daß er schon vor dem Vorhandensein von Kindern dem Hause solch nette Äuglein gab, die niedrig genug über dem Fußboden lagen, daß schon ein kleiner Dreikäsehoch aus ihnen hinausschauen konnte und daß deren Fensterbänke zugleich hinreichend breit waren, um auch allerlei Spielsachen darauf aufbauen zu können!

Es muß in meinem vierten Jahr gewesen sein. Vorm Fenster wirbelten Schneeflocken vom grauen Morgenhimmel herunter, und die Pfosten der Gartentür hatten schon dicke weiße Mützen aufgesetzt. Ich spielte in der Fensterbank mit einer Feuerbohne, — einer schönen bunten kleinen Feuerbohne, die im Bettchen einer Streichholzschachtel auf weichen Wollflicken übernachtet hatte und nun gemeinsam mit mir in das weiße Wunder der Winterlandschaft hinaussah. Und dabei fiel es mir ein, das Böhnchen in die Schraubenöse hineinzusetzen, die zum Einhängen des eisernen Fensterhakens am Fensterrahmen angebracht war. Das war ein Sitz, der für Böhnchen wie gemacht erschien. Aber wie es nun kam, ich weiß es nicht — in einem Augenblick der Unachtsamkeit mochte ich das Böhnchen allzutief in den eisernen

Ring hinabgedrückt haben —, auf einmal saß sie darin festgeklemmt und war nicht vorwärts und nicht rückwärts zu bringen. Und als ich dennoch versuchte, sie zu befreien, da brach die Bohne auseinander, zerfiel in die beiden Längshälften, in den Keim, der wie ein winziges Würmchen aussah, und in die Fetzen ihres bunten Kleidchens. Das alles lag nun in der Fensterbank, und an die bitteren Tränen, die ich um meine kleine Freundin vergoß, habe ich mich oftmals als an den ersten tiefen Schmerz meines Lebens erinnert.

Und draußen schneite es und schneite es; es sah nun alles ganz traurig in dem weißen Garten aus. Aber da fuhr ein Wagen an der Gartenpforte vor. — War das Kück seine Halbchaise, mit der wir im Sommer nach Bremen gefahren waren? — Nein, das war Kücks Halbchaise nicht, obschon sie so ähnlich aussah. Das war auch nicht Kück sein Schimmel, und das war auch nicht Herr Kück, dieser Mann, der nun weiß wie ein Schneemann und mit einem feinen Zylinderhut vom Bock herunter kletterte.

Vater und Mutter liefen in den Garten hinaus zur Pforte und reichten die Hände in den Wagen hinein, von dessen Inhalt man zunächst nichts anderes gewahr wurde als einen Schließkorb, eine Reisetasche und Pakete — lauter Pakete. Sie wurden vom Kutscher und dem dazugekommenen Mädchen in mehrmaligem Hin und Her ins Haus getragen. Was aber ganz zuletzt aus dem Wagen zum Vorschein kam, das war die Großmutter aus Bremen; Vater half ihr beim Aussteigen und trug ihr einen Haufen von Decken und einen dicken mit Pelz ausgekleideten Fußsack nach.

Am nächsten oder übernächsten Tag saß außer Großmutter noch weiterer Besuch morgens am Kaffeetisch, das waren der Onkel und die Tante aus Itzehoe. Sie wurden damals noch »Onkel Adolf« und »Tante Agnes« von mir genannt; später, bestimmt jedenfalls, nachdem auch mein kleines Schwesterchen mitreden konnte, hießen sie »Ocku« und »Anni«, und damit sei schon angedeutet, daß es sich bei ihnen um weit mehr als einen gewöhnlichen Onkel mit Tante handelte.

An Ocku bewunderte ich seine ungeheuere Vielseitigkeit. Ich hatte geglaubt, der Mensch habe nur *einen* Beruf. — Ocku aber war, wie er sagte, Lehrer, Doktor und Radfahrer und Schwimmer und Fußgänger, — alles in einer Person! — Man darf aber nach solcher Zusammenstellung seiner Berufe nicht etwa meinen, Ocku sei eine besonders sportliche Natur gewesen. Obgleich er zu Fuß und zu Rad gemeinsam mit seiner Anni weite Ferienreisen und Wanderungen zu unternehmen pflegte, die ihn im Laufe der Jahre durch die schönsten Gegenden Europas führten und die einen unerschöpflichen Quell der Erinnerungen und Erzählungen bildeten, war er, seiner rundlichen Gestalt angemessen, im Grunde doch recht gemütlich und bequem und früh der Sofaecke zugetan. Und eben in der Sofaecke oder in seinem großen Ohrenlehnstuhl, wenn er sich dort nach dem täglichen Nachmittagsspaziergang niedergelassen hatte, war es für uns Kinder am schönsten, bei Ocku zu sein. Als meine Schwester und ich später in seinem Hause untergebracht und durch Ocku und Anni, den selber kinderlosen, so liebevoll wie von Vater und Mutter betreut wurden, haben wir dieses Glück in reichem Maße genossen. Ocku zauberte dann in der Dämmerstunde, ehe die Lampe angezündet wurde, eine bunte Märchenwelt vor uns hin, er erzählte aus dem Stegreif erfundene Geschichten — »mit Ocku träumen« nannten wir das —, und dazu gehörte, daß er mitten im Erzählen auf einmal innehielt und tat, als sei er eingeschlafen. Dann war es ein Weilchen mäuschenstill in seiner kleinen Studierstube, bis wir es wagten, ganz sachte an Ocku herumzukrabbeln. Wenn wir dann langsam dreister wurden, machte Ocku ganz plötzlich und mit mächtigem Fauchen »schnapp!« nach unsern Händen oder Gesichtern. Dieses ganz unnachahmliche »schnapp!« wurde von uns jedesmal mit unendlicher Spannung, ja ein wenig bänglich vor dem kommenden Schrecken erwartet, dann aber mit jubelnder Begeisterung quittiert.

Wenn Anni dabei saß, rieb sie sich die Hände und stieß in Teilnahme an unserer Freude ein ganz kurzes »Hm!« aus, begleitet von einem ebenso stoßartig kur-

zen Nicken des Kopfes, aber es war ein ganz eigen-
tümliches Nicken nach aufwärts, und dieses war samt
dem dazugehörigen »Hm!« auch bei jeder anderen
Gelegenheit ein Ausdruck ihrer aufmerksamen Teilnahme.

Immer wenn Ocku Schokolade oder Schokoladen-
pudding aß oder auch nur Schokolade roch, dann
begann er heftig und laut zu niesen. Dieses Niesen
erwarteten wir Kinder natürlich jedesmal mit großer
Spannung, aber ich bin mir heute nicht mehr ganz
sicher, ob hier wirklich der physiologische Zwang eines »Schokoladenschnupfens« — so wie bei anderen
Leuten etwa der eines Heuschnupfens — zugrunde
lag, oder ob Ocku uns Kindern zur Freude die ein-
drucksvolle Explosion willkürlich hervorbringen
konnte. Es wäre ihm zuzutrauen gewesen.

Trafen wir auf Spaziergängen mit Ocku eine Eisenbahnstrecke, die den Weg kreuzte, dann forderte
Ocku uns auf, uns auf die Schienen zu stellen und
sagte mit feierlich bedeutender Miene: »Jetzt habt
Ihr direkte Verbindung mit Peking!« Diesem erha-
benen Gedanken gaben wir uns jedesmal mit Andacht hin, doch war ich sehr verblüfft, als Ocku später
einmal durch eine ganz andere Eisenbahnstrecke in
einer ganz anderen Gegend wiederum die direkte
Verbindung mit Peking herzustellen wußte.

Aber mit dem Weg nach Peking haben wir der Zeit
doch schon allzusehr vorgegriffen. — Es war also

Großmutter mit ihren vielen Paketen aus Bremen eingetroffen, und Ocku und Anni waren auch da. Sie waren zum Weihnachtsfest gekommen.

Irgendwelche bestimmte Erinnerungen an vorhergehende Weihnachtsfeiern sind mir bis heute nicht geblieben. Damals waren sie wahrscheinlich vorhanden und bildeten nicht nur die Grundlage der glücklichen Erwartung des Kinderherzens, sondern auch der geradezu überwältigenden Überraschung, als nicht nur einer, sondern *drei* Tannenbäume im Lichterglanz erstrahlten, nachdem sich auf ein silberfeines Klingeln die Tür unseres Weihnachtszimmers, der Eßstube, geheimnisvoll geöffnet hatte.

Drei Tannenbäume! Das hat es später niemals wieder gegeben. Sie mochten wohl als Sinnbild der drei Familien, die doch in so schöner Weise eine einzige bildeten, von meinen Eltern aufgestellt worden sein. — Ein ganz großer prächtiger Baum, der am Fußboden begann und mit dem Gipfelstern fast unter die Decke stieß, stand an der Schmalseite der Stube, wo das Fenster zur Dorfstraße hinausging. Die beiden anderen, aber immer noch stattlichen Bäume, befanden sich zu beiden Seiten des in schneeweißem Damast und vielen bunten Sachen schimmernden Gabentisches, der fast die ganze Länge der Stube einnahm.

Es kam später eine ganze Reihe von Jahren, denen man eigentlich erst mit dem Ausgang der Kindheit wieder entwuchs, in welchen beim Öffnen der Weihnachtstür der Tannenbaum zunächst die mindere Beachtung fand. Er wurde zwar als eine wunderschöne, aber doch regelmäßig wiederkehrende Selbstverständlichkeit hingenommen, und wenn auch Anstand und Brauch verlangten, ein Weilchen in seinem Anblick still zu verharren, so irrte der Blick doch leider allzu gierig schon nach dem Gabentische ab, der mit ganz bestimmten Erwartungen überflogen wurde. An jenem Weihnachtsabend frühester Kinderzeit aber stand ich noch ganz ohne weiteres Verlangen im Banne »der großen Lichterzahl« und der wunderbaren Feierlichkeit der schimmernden Weihnachtsstube. Daß der Weihnachtsmann auch allerlei für einen aufgebaut hatte und daß einem dieses auch wirklich zu eigen gehören sollte, das begriff man erst so nach und nach mit verwunderter Scheu, war dann freilich auch bald all der neuen Herrlichkeiten bis zum Rotglühen glücklich.

Im Beschenken der Kinder waren unsere Eltern aus erzieherischen Gründen im allgemeinen maßvoller, als die mancher meiner Gespielen. Wenn trotzdem der große Gabentisch, eine ausgehängte, sehr lange Flügeltür, die mit weißen Laken überdeckt über zwei Böcke gelegt war, bis auf das letzte Fleckchen besetzt war, so ging das hauptsächlich auf Onkel und Tanten, auf Freunde der Familie, und ganz besonders auf die gute Großmutter zurück und mochte alles in allem viel reichlicher sein, als Vater und Mutter es im Grunde gutheißen konnten. Wenn allerdings mein Vater selber mit seinen geschickten Händen etwas für uns bastelte, dann entstanden wahrhaft großartige Sachen. Da gab es keine Pfuscharbeit; er konnte viel Zeit daran hängen, um die Dinge schön ordentlich, für das Auge wohlgefällig und dabei ungemein dauerhaft zu gestalten, wie etwa einen wunderbaren Kaufladen, den meine eigenen Kinder vierzig Jahre später dann doch leider ins Jenseits befördert haben.

Ich bin überzeugt, daß an jenem Weihnachtsfest der drei Tannenbäume mein Gabentisch einige gute, solide Spielsachen getragen hat, aber ich kann mich ihrer nicht erinnern. Unauslöschlich eingeprägt hat sich dagegen die Erinnerung an einen Gegenstand, den man getrost als billigsten Warenhaushimphamp hätte bezeichnen können. Er war der Zeit gewissermaßen um dreißig bis vierzig Jahre vorausgeeilt und wurde dank der miserablen Machart und geringen Stabilität noch während der Festtage selber erledigt. Dieses war eine kleine runde Spieldose der kümmerlichsten Art, aus dünnem Blech gefertigt; wenn man an einer Kurbel drehte, haspelte sie eine sich alle fünf Sekunden wiederholende Melodie herunter, die mit großer Eile auf nur ganz wenigen Sprossen der Tonleiter herauf und herunter kletterte und dabei an einigen Stellen noch ein wenig fehltrat. Oben auf der Dose drehte sich indessen ein buntes Männchen. Zu

der Klimpermusik erfand ich noch am selben Abend
den Text:

> Hahaha Pieberpum,
> Dieses verrückte Ding!
> Hahaha Pieberpum,
> Dieses verrückte Ding!
> Hahaha . . .

Was das ist, — ein Pieberpum? — Ich weiß es nicht
und kann mich nur wundern, daß diese blödsinnigen
Worte im Gedächtnis haften geblieben sind.

Auch vom nächstfolgenden Weihnachtsfest sind es
seltsamerweise zwei Dinge aus der Spielzeuggruppe
des billigen Himphamps, deren ich mich am lebhaf-
testen erinnere: Ein dicker blauer Blechschutzmann
war das eine; mit blaurot lackiertem Zorngesicht und
einem gewaltigen schwarzen Schnauzbart schien er
etwas in sein Taschenbuch zu schreiben, und in der
Tat standen dort mit sehr kleinen Buchstaben die
Worte eingetragen: »Halten Sie die Schnauze, wenn
Sie mit mir sprechen!«

Ich selber konnte damals natürlich noch nicht lesen,
habe aber später den Satz oft genug verwundert
nachbuchstabiert, da der Schutzmann eine Reihe von
Jahren erhalten geblieben war. Im übrigen trug er in
seinem breiten Brustkasten anstatt des Herzens ein
Uhrwerk; lief es, so geriet der ganze Schutzmann in
wutzitternde Bewegung, wobei er sich langsam um
seine Längsachse drehte. Zu diesem Schutzmann ge-

hörte aber auch ein Partner, — und das war der zweite Gegenstand, der mir so unauslöschlichen Eindruck gemacht hat, — ein Strolch oder jedenfalls ein sehr fragwürdiges Individuum mit grobkarierten gelben Hosen und einem langschössigen gelben Frack; auch diesen Blechkerl bewegte ein Uhrwerk, durch das er die Beine seitwärts weit auseinander spreizte und wieder zusammenzog, so daß er in derart despektierlicher Weise vor dem Auge des Gesetzes auf und ab gaukelte, — auch trug er einen unglaublich frechen Schlips —, so daß meine Sympathie trotz der schrecklichen Zornröte von vornherein auf seiten des Schutzmannes war.

Die beiden kleinen Tannenbäume waren nur mit Engelhaar — das Wort »Lametta« kannten wir noch nicht—und mit Kerzen geschmückt. Der größere Baum trug außerdem bunte und silberne Glaskugeln, Sterne, Ketten, silberne Eiszapfen, Knittergoldfähnchen sowie herrliche Süßigkeiten. Diese waren damals schon von der gleichen Art, wie sie auch später lange Jahre hindurch wiederkehrten: Rotbäckige Äpfel, die sowohl zum Schmuck wie zum Herabbiegen der Zweige dienten und darum erst nach der Plünderung des Tannenbaums gegessen werden durften; vergoldete Walnüsse, aufgehängt an mit Siegellack befestigten Zwirnsfäden, Rosinen in kleinen Dreieckstüten aus Goldpapier, Spekulatiusgebäck in Gestalt von allerlei Tieren; bunte Zuckersachen in Form von Sternchen und Kringeln, darunter solche, die wir als kleinere Kinder nicht essen durften, als größere aber um so lieber aufs Korn nahmen, weil sie Cognac oder Liquoer enthielten und von uns »Kringellikör« genannt wurden; auch mancherlei Schokoladenkringel waren vertreten, wobei wir ganz besonders eine Sorte schätzten, die auf einer Seite mit winzigen bunten Zuckerperlen bestreut war. Als Glanzpunkte des eßbaren Baumbehangs aber waren damals einige Schokoladensachen vorhanden, deren Größe und umhüllendes Silberpapier sie gleichzeitig zu hervorragenden Schmucksachen machten. Es waren eine Glocke, eine Trompete, ein Stiefel und eine Geige. Die liebliche Form der kleinen Geige hatte es mir ganz und gar angetan; immer wieder, abends bei Kerzen und Lampenlicht wie im grauen Morgendämmer der Weihnachtstage, wenn es zwischen den Zweigen des Tannenbaums so süß und geheimnisvoll aus dunklen Tiefen zu blinken begann, stand ich in zärtlicher Betrachtung der kleinen Geige hingegeben. Daß man sie hätte essen können, — etwas so Schreckliches wäre mir überhaupt nicht in den Sinn gekommen. Und doch blieb mir dieses Schreckliche zu erleben nicht ganz erspart, wenn es auch nur im Traume geschah. — Während der Weihnachtstage wachte ich eines Nachts in fassungslosem Schmerz auf und begann bitterlich zu weinen. Mutter trat an mein Bett, um mich zu beruhigen, und es bedurfte einer ganzen

Weile, bis ich unter Schluchzen den Grund meiner Erschütterung herausbringen konnte: »Ocku hat die Geige aufgegessen!« — Ja, das hatte ich im Traum erlebt, wie Ocku, ausgerechnet der gute Ocku, vor dem Tannenbaum stehend, der Geige erst den Hals abgebissen und sie dann samt dem Silberpapier restlos verschlungen hatte. — Welch selige Beruhigung war es, als Mutter, nachdem sie sicherheitshalber noch einmal nachgeschaut, mir versichern konnte, die Geige hinge noch wohlbehalten an ihrem Platz!

Von den Freunden jener Worpsweder Zeit standen meinen Eltern die Familie Modersohn und die des Malers Paul Schroeter am nächsten. In den Weihnachtstagen besuchte man einander und tauschte Schmuckstücke des Tannenbaumes aus, — symbolhaft dafür, wie die Freunde mit den Freunden lebten.

Diejenigen, die sie gaben und nahmen, sind längst dahin. Und doch hat seit fast sechzig Jahren, bis auf eine einzige Ausnahme, noch jeder Tannenbaum, der in meiner Familie geschmückt worden ist, als behütete Heiligtümer »die alte Schroetersche Laterne« und »die alte Modersohnsche Fahne« getragen.

Die alte Modersohnsche Fahne: Ein Fähnchen aus Knittergold ist das, oder eigentlich aus blattdünnem Messing, immer wieder blank geputzt, das Jahr um Jahr, wenn die Zeit gekommen, aus dunklem Tannengezweig hervorblinkt. Und wird es leise gestreichelt oder auch nur von der Wärme einer Kerze bewegt, so knittert, knistert und flüstert es leise von einer versunkenen Welt.

Die alte Schroetersche Laterne — sie ist nicht mehr schön, ihr messingnes Rähmchen ist schwach und blind, ihre bunten Fensterchen sind schadhaft und einige fehlen —, und doch hat auch sie immer noch ihren Ehrenplatz am Tannenbaum, mag sich auch mancher Weihnachtsgast verwundern über das schäbige alte Ding zwischen den großen blanken Silberkugeln aus neuerer Zeit.

Ein Weihnachtsfest im Felde, aus dem Ersten Weltkrieg, taucht aus der Erinnerung auf. Unser Bataillon lag nach flandrischem Schlamassel in Ruhestellung. Ich war am Morgen in einer frostklirrenden Winterlandschaft weit umhergeritten, um ein Tannenbäumchen zu finden. Vergeblich, — auch nicht das kleinste war aufzutreiben. — Abends gab es eine Feier beim Stabe. Und weil es in der Luft mal wieder nach baldiger Offensive roch, womöglich nach Bewegungskrieg und darum eine beträchtliche Verminderung der schwerfällig gewordenen Bagage geboten war, hatte der Kommandeur die Stabs-Kuh schlachten lassen, um den Weihnachtsschmaus zu liefern. Sie wurde mit ziemlich schlemmerhaften Beigaben in fester wie in flüssiger Form verspeist. Nach militärisch kurzer Ansprache wurde »Stille Nacht« gesungen, und gleich darauf polterte ein vorzeitig angeäuselter Leutnant mit der Klampfe herein, um das schöne Lied von Wilhelm Busch vorzutragen:

Der Stallknecht zu der Kuhmagd spricht:
Mein schönes Kind, ich liebe Dich,
Im Kuhstall, — im Kuhuhuhustall!

Das war so prächtig hingemuht, daß es als Nachruf für unsere Stabs-Kuh nicht übel war, — aber!

Als ich spät in der Nacht oder in erster Morgenfrühe in mein Quartier kam, da lag das ersehnte Paket von Mutter und Schwester auf dem Tisch. Unter manchen liebevoll bereiteten Dingen enthielt es einen Band Liliencronscher Gedichte, und zwischen seinen Seiten lag — »die alte Modersohnsche Fahne«. Ich ließ sie zärtlich knistern. Nun war es Weihnachten.

# Schützenfest

Blauer Sommersonntag. Bei Welzel flattert die Fahne am Mast. Darunter stehen einige Buden und dreht sich und bimmelt das bunte kleine Karussell; die Luft ist voll Drehorgelklang, Kindergeschrei und Bratwurstgeruch.

Und die Leute auf der Straße vor Bäcker Kellner warten auf etwas.

»He kummt, he kummt!« heißt es plötzlich, — und da biegt er auch schon in vollem Lauf um die Ecke, — ein schlanker Mann im weißen Trikot, — der erwartete »Schnelläufer«; kleine Glöckchen hängen ihm am Gürtel und an den Ärmeln; irgend etwas hält er in der Hand, wahrscheinlich eine Geldsammelbüchse. Gerade als er an uns vorüber rennt, wirft er den Kopf nach rückwärts, — einen dunkelhaarigen, kühnen Kopf —, die Sehnen straffen sich am Halse —, und ruft als Antwort auf die ihm nachgeschrieene Frage, wohin er laufe: »Nach'm Umbeck!«

Sekunden nur, und die Erscheinung ist vorüber.

Das war nun vor mehr als einem halben Jahrhundert. Dennoch stehen jene wenigen Sekunden in fast unbegreiflich hellem Licht der Erinnerung: Der weiße, schöne Mann, sein Gesichtsausdruck, die beim Laufen rhythmisch klingenden Schellen, der lässig zurückgeworfene Ruf »Nach'm Umbeck!«, und dann die erregende Bezeichnung »Schnelläufer«, — das alles machte einen ungeheueren Eindruck. Nur die Geschwindigkeit enttäuschte ein wenig, denn *so* furchtbar schnell lief er eigentlich gar nicht; der Mann mit den Siebenmeilenstiefeln konnte es sicherlich besser.

»Der hat sich wohl auch die Milz rausschneiden lassen«, sagte unsere Bertha nachher, — »Schnelläufer müssen sich immer die Milz rausschneiden lassen, damit sie kein Seitenstechen kriegen und besser laufen können.«

Und diese Bemerkung war auch wohl der Grund, daß ich danach zwar öfter Schnelläufer spielte und dabei an einer bestimmten Stelle unseres Gartenweges jedesmal mit zurückgeworfenem Kopf »Nach'm Umbeck!« schrie, diesen Beruf aber doch nicht ernstlich für mich ins Auge faßte. Ich bin auch keiner geworden, — eher schon ein Langsamläufer. Lieber, als mir die Milz rausschneiden lassen, wollte ich damals »Technischer Direktor des Norddeutschen Lloyd« werden, das war zwar umständlich auszusprechen, aber mein Großvater war es gewesen. — Der Jahrmarktsberuf eines »Schnelläufers« muß übrigens damals schon im Aussterben gewesen sein; später habe ich niemals einen wiedergesehen.

Das zweite große Schützenfesterlebnis unter Welzels Fahne war das Karussell. Vater ging mit mir hin, setzte mich in eine Kinderkutsche, blieb selber draußen stehen und gab der sammelnden Karusselltante die für mich schuldigen fünf Pfennige.

Anfangs etwas ängstlich, bald aber beseligt, genoß ich das wunderbare Herumwirbeln der Welt, in der sonst doch alles seinen festen Stand gehabt hatte. Ich fuhr nicht nur eine, sondern auch eine zweite und dritte Tour.

Aber als wir dann wieder zu Hause waren, kam etwas Schreckliches ans Tageslicht. — »Wie oft hat denn der Junge Karussell gefahren?« fragte Mutter. — »Dreimal!« antwortete ich strahlend. — »Dreimal?« sagte Vater verwundert, — »ich habe aber doch nur zweimal für ihn bezahlt!«

Wie es zugehen konnte, weiß ich nicht — ob Vater vor dem Karussell mit einem Bekannten ins Gespräch gekommen war oder sonst nicht aufgepaßt hatte —, jedenfalls war ich meiner Sache, dreimal gefahren zu sein, ebenso sicher wie Vater, daß er nur zweimal bezahlt hatte. Darüber aber war ich so erschüttert und untröstlich, daß Vater, um mein Gewissen zu entlasten, noch einmal mit mir zum Karussell zurückging, damit ich selber der Karusselltante die fehlenden fünf Pfennige in die Hand geben konnte. Sie nahm das Geld, verstand aber unsere Erklärungen wohl falsch und wollte mich wieder in die Kinderkutsche setzen, wogegen mein Gerechtigkeitsgefühl sich heftig sträubte.

# Das Schwesterchen kommt an

Als ich genau viereinhalb Jahre alt war, wurde mir empfohlen, ein Stückchen Zucker in die Fensterbank zu legen, weil das vielleicht den Klapperstorch bewegen könne, ein Brüderchen oder ein Schwesterchen zu bringen. Es war ein trüber, frühdunkelnder Wintertag, und eigentlich hätte man zu solcher Zeit Freund Adebar eher im Land der Pyramiden als in unserer Hammeniederung vermuten sollen, aber tatsächlich, — nach etlichen Stunden schon war der Zucker abgeholt und das Schwesterchen war da! — Seines ersten Anblicks kann ich mich aber nicht so recht erinnern, es muß mir wohl sehr viel weniger Eindruck gemacht haben, als der Schnelläufer. Als aber einen Monat später die Taufe stattfand, da gab es eine Feier, die noch in vielen Einzelheiten in meinem Gedächtnis steht. Es war eine Taufe in unserm Hause, und zwar in Vaters kleiner roter Stube, in die man vom Wohnzimmer aus durch die geöffnete Schiebetür hinein sah.

Da stand mitten in der Stube auf einem mit weißem Laken überdecktem Tischchen unsere allerschönste gläserne Puddingschüssel mit goldenem Rand und goldenen Füßchen. Vater und Mutter und Großmutter und Ocku und Anni und noch welche standen darum herum, alle in sehr feiner Kleidung, doch niemand war feiner als Ocku in einem langen schwarzen Rock, — so vornehm, wie ein Kutscher aus Bremen. — Wirklich merkwürdig aber war ein fremder Mann in einem schwarzen Umhang, der ihm bis auf die Füße herabfiel. Er hatte Kehlläppchen am Halse, die waren aber nicht rot, wie beim Hahn, sondern wunderschön schneeweiß. Dieser Mann redete sehr feierlich mit einer ganz besonderen Stimme, und schließlich griff er mit der hohlen Hand in die Puddingschüssel und pladderte dem armen Schwesterchen kaltes Wasser über den Kopf, die nun natürlich anfing zu quarren und zu plärren.

Sonst ist mir noch in der Erinnerung, daß es später am Tage Schlagsahne mit geriebener Schokolade gab. Es war die erste und für lange Zeit auch wohl die einzige Schlagsahne, die ich zu schmecken bekam. Besonderen Eindruck machte mir, daß sie in derselben Schüssel auf den Tisch kam, aus der zuvor das Schwesterchen die Namen Gerda Agnes Bertha geschöpft bekommen hatte; und es waren auch noch Glasteller da, von denen wir die Sahne aßen, die ebensolche vergoldeten Füßchen und goldene Griffe hatten, wie die wunderbare Schüssel selber. — Herrlich war es auch, wie Vater und sein Freund Andreas hinterher vierhändig Klavier spielten.

Kein Zweifel, — der Herr Pastor, den ich bei Gerdas

Taufe zum erstenmal bewußt erlebte, ist mir durch seine Tracht, den ungewöhnlichen Klang der Rede und sein unverständliches Tun als ein jenseits aller übrigen Menschen stehendes Wesen erschienen. — Weit größer noch ist ein solcher Abstand einige Jahre später aber dem Schwesterchen Gerda vorgekommen. Freilich war es an einem anderen Ort und ein anderer Pastor, um den es sich damals handelte, und zugegeben auch, daß ihm eine ungewöhnliche Steifheit der Bewegungen und eine recht monotone Stimme eigentümlich waren. — Klein-Gerda hatte zum Weihnachtsgottesdienst zum ersten Mal mit in die Kirche trippeln dürfen. Alles war herrlich gewesen, der mit Lichtern übersäte Tannenbaum, der hohe, hohe Raum, die vielen, vielen Menschen, die schönen Weihnachtslieder; — was aber den Pastor auf der Kanzel betraf, so fragte sie hinterher: »War das eigentlich ein richtiger Mensch, oder war das eine Maschine?«

# Literarische Frühkost

Autobiographen pflegen gerne der Bücher zu gedenken, mit denen sie in früher Kindheit in Berührung gekommen sind. Wenn ich nicht abweichen will von dieser durchaus berechtigten Gepflogenheit und chronologisch vorgehe, so muß ich für meine Person an erster Stelle »Das Exerzierreglement für die Infanterie« nennen. Daneben hielt es mein Vater schon für gut, mir die »Schießvorschrift für die Infanterie« nahe zu bringen. Auch mit der »Felddienstordnung«, der »Garnisondienstvorschrift« und dem »Unterricht des Einjährig-Freiwilligen« wurde ich damals Tag für Tag, ja manchmal sogar des nachts traktiert. Das war um so verwunderlicher, als mein Vater selber nicht eben sehr gern Soldat gewesen war und die eigene Militärzeit bei den Bückeburger Jägern als ziemlich lästige Unterbrechung seines Berufs als Maler betrachtet hatte. — Jedenfalls: besagte handlichen Büchlein aus dem Verlag von Mittler und Sohn pflegte Vater über den Fußboden unseres Wohnzimmers oder auch des Schlafzimmers zu verteilen, um den Kinderwagen — immer vor und zurück — darüber hinwegzurumpeln, wenn er mich, seinen brüllenden Sprößling, zum Einschlafen bringen wollte.

Nach späterer Erzählung meiner Mutter soll das Verfahren sich ausgezeichnet bewährt haben, so daß ich an dem so frühzeitigen guten Einfluß militärischen Schrifttums auf meine Entwicklung nicht zweifeln kann. — Noch heute betrachte ich die wohlverwahrten Bändchen in meinem Bücherschrank mit Schmunzeln und Rührung.

Beträchtlich später als die militärischen folgten literarische Einflüsse aus dem bunten Reich der Bilderbücher, unter denen wohl »Georg Scherers Deutsches Kinderbuch« obenan stand, welches 1877 erschienen, schon meinen Vater durch die Kinderjahre begleitet hatte. »Das Wolfsbuch«, — so hieß und heißt es bei uns, weil es namentlich zwei Seiten desselben waren, die wir immer zuerst zu sehen begehrten: Die eine trug das Bild, auf dem der Wolf, mit einem derben Knüppel in der Pfote und dem Messer am Gürtel, gerade die Türe zum Haus der sieben Geißlein öffnet; die andere gehörte zu der schönen Geschichte aus dem Riesengebirge (schon dieses war ein erregendes Wort!), in der das im Walde verirrte Kind unter die jungen Wölfe geraten war und mit ihnen spielte. Immer wenn eins der Wölfchen dem Kind nach den Händen zu schnappen suchte, schlug ihm das kleine Mädchen mit dem Breilöffel auf die Nase: »Geh, oder ich geb dir eins!« — In wie vielen Einzelheiten haben sich die schönen Holzschnitte von Ludwig Richter, Oscar Pletsch und anderen mir eingeprägt! Freilich, da derselbe in Ehren gehaltene Band inzwischen schon der dritten Generation gedient hat, ist die Erinnerung dabei oftmals wieder aufgefrischt worden.

Wunderbar war auch der »Fitzebutze, Allerhand Schnickschnack für Kinder« von Paula und Richard Dehmel mit den Bildern von Ernst Kreidolf; Verse wie Bilder haben gleicherweise das Kinderherz begeistert und die Phantasie erregt. — Auch Kreidolfs Blumenmärchen mit den feinen aquarellzarten Bildern wurden in großer Anteilnahme immer wieder durchblättert; aber da war ich schon etwas größer, und man konnte schon eine ganze Menge Botanik dabei lernen.

Diese köstlichen Bilderbücher habe ich seither nirgendwo anders mehr angetroffen, als im eigenen Bücherschrank; sie sind wohl längst vergessen, — ob aber mit demselben Recht, mit dem andererseits der pädagogische Struwwelpeter bis heute immer schlechter gedruckte Neuauflagen erfährt? Dieses langlebigste der Kinderbücher hat mich eigentlich immer etwas kühl gelassen, ja in eine gewisse peinliche Verlegenheit versetzt, deren ich mich deutlich erinnern kann. — Wahrscheinlich hat ein Streben meiner Eltern, den kleinen Jungen nur mit Bilderbüchern bester Künstler zu beköstigen, schon sehr frühzeitig den Erfolg gehabt, mich die Struwwelpeterbilder als unbeholfen empfinden zu lassen. Heute weiß ich ihm mehr abzugewinnen.

Wie herzlich geliebt habe ich dagegen Otto Speckters Illustrationen zu den Fabeln von Hey, zum gestiefelten Kater, zum Vogelbuch und zum Märchen von Brüderchen und Schwesterchen, das ich allerdings sehr traurig fand, weil das gute Reh zum Schluß in die menschliche Gestalt des Brüderchens zurückverwandelt wird. Nehme ich diese Bücher heute wieder zur Hand, — die Wirkung ihrer besinnlichen Zeichnungen ist wahrhaftig nicht geringer geworden. Aber die gleiche wie einst ist sie nicht. Speckters ländliche Welt mit ihren Tieren und Menschen, dem Pferd an der Krippe mit dem kecken Spatzen dabei, dem Fuhrmann mit seinem Rollwagen, den Dreschern auf der Tenne, — sie war noch ganz die Welt unserer eigenen Kindheit, von der nicht viel mehr geblieben ist. Sprach zu dem Kinde die lebensvolle Umwelt aus Speckters Bildern, so sieht sie der Mann, zwar alle Köstlichkeiten bewußter genießend, doch unter dem Schleier leiser Wehmut.

Vergessen sei unter den guten Geistern jener Zeit auch nicht der Maler und Dichter Robert Reinick.

Mit den Bilderbüchern taucht auch die Erinnerung an eine ihnen wesensverwandte Einrichtung auf, die bei uns das »Theaterbrett« hieß. — Als ich etwa vier Jahre alt war und längere Zeit mit einer Rippenfellentzündung im Bett liegen mußte, mag es schwierig gewesen sein, den quengeligen kleinen Bengel zu beschäftigen und ruhig zu halten. Da kam mein Vater auf den Gedanken, aus starker Pappe allerlei Figuren auszuschneiden und zu sägen: König und Königin, Prinz und Prinzessin, Bauern und Bauernkinder, — dazu Bäume, Häuser, Torfschiffe, Torfhaufen, Pferde und Kühe, und alles bemalte er, so wie es in unserer Landschaft stand und wuchs. Er stellte die ganze Welt Worpswedes hin, die auf tiefer Bühne von der einen Wand meines Gitterbettchens zur anderen reichte. Aber die ganze Herrlichkeit wäre natürlich bei jeder Bewegung im Bettchen durcheinandergepurzelt, wenn nicht Vater, um dieses zu verhindern, die Bühne selber in sehr zweckmäßiger Weise hergerichtet hätte. Als solche diente ein sauber gehobelter Kistendeckel, der mit vielen schmalen Brettchen aus Zigarrenkistenholz überzogen war, so daß er aussah wie ein gedielter Zimmerfußboden, mit dem Unterschied nur, daß er grün gestrichen war, wie ein Wiesenplan. Zwischen den Dielenbrettchen aber waren Ritzen, gerade breit genug bemessen, um darin den Fuß der Figuren, der Baumkulissen und Häuser festklemmen zu können.

Da gab es nun schier unerschöpfliche Möglichkeiten des Anordnens von Figuren und Kulissen, die der Phantasie jeden Spielraum ließen. Und dennoch störte mich etwas: Wie es ja dem Sinn des Theaterbretts entsprach, wollte ich nicht nur Bilder sehen, sondern auch Handlungen gestalten. Und wenn nun der König beim Bauern Torf bestellen sollte oder wenn etwa die Prin-

zissin zur Kuh gehen mußte, um zu melken, so schien
mir das in befriedigender Weise nur ausführbar,
wenn die betreffenden Figuren von vornherein
einander zugewandt in derselben »Fußbodenritze«
standen. Es war mir unmöglich, etwa aus dem Vordergrund einen Mann auf ein hintenstehendes Haus
zugehen zu lassen. Denn dagegen sträubte sich seltsamerweise mein naturalistischer Sinn, irgendeine
Figur einfach aus ihrer Ritze zu lösen, so daß man ihren Klemmsockel sah, sie gewaltsam durch die Luft zu
führen und in eine andere Ritze wieder einzusetzen.
So konnte ich alle handelnden Figuren nur wie in pa-
rallelen Geleisen sich bewegen lassen, und das muß
wohl der Grund gewesen sein, daß das Spiel mit dem
Theaterbrett nur eine Periode kurzer Dauer umfaßte.
— Einzelne Figuren und Bäume desselben sind freilich nach vielen Jahren aus einem Zigarrenkasten
wieder zum Vorschein gekommen, und da erst habe
ich erfaßt, daß Vater mir mit dem Theaterbrett ein
Kunstwerk hingestellt hatte, wie es wohl wenigen
Kindern beschieden wird. Das waren Bäume! Die waren wirklich lebendig. Durch diese Pappstücke wurde
es mir damals erst bewußt, wie das Wesen einer Birke,
einer Buche, einer Eiche schon aus der Silhouette
sprechen kann, eine jede mit ihrem besonderen Gesicht. Wenn ich heute noch einmal mit jenem Theaterbrett spielen könnte, — ich würde es mit anderer
Hingabe als der Vierjährige tun.

Mit den ersten Büchern wurde man durch das Vorlesen der Mutter oder auch der Großmutter vertraut. Auch Grimms Märchen, wenn auch mit Auswahl, fehlten dabei nicht. — Das große Erlebnis eigenen Lesens begann meines Erinnerns mit dem Robinson und Sigismund Rüstig. Ein Buch aber, von dem ich gar nicht loszubringen war, waren Beckers Erzählungen aus der alten Welt mit Bildern von Preller. Es dürfte im dritten oder vierten Schuljahr gewesen sein, als sich mir hierdurch die Welt der Odyssee und der Ilias zu erschließen begann. Ich dachte und lebte bei meinen Spielen nur noch als alter Grieche auf den Gefilden vor Troja. Und mein Vater unterstützte das, — weniger die Mutter, der ich oft gar zu sehr mit der weithin schattenden Lanze gegen Blumenbeete und Apfelbäume unseres Gartens wütete. Aber der Vater machte sie mir ja selber, die herrlichen Lanzen; er ließ sich sogar beim Malen oder Radieren stören, um im Atelier ein starkes Eichenbrett in den Schraubstock zu spannen, eine formvollendete Lanzenspitze auszusägen, die Seiten mit dem Hobel zu schärfen, und endlich das schön geglättete Stück mit solider Bindung an einen Besenstiel zu schäften. Natürlich wollte auch er die Lanze ausprobieren; dann ging es hinaus auf die Wiese, wo hinter den Würfen des Vaters der Junge freilich weit zurückbleiben mußte. — Die frühe und fortgesetzte Übung im Lanzenwerfen brachte mir dann aber doch für die ganze Schulzeit

unter meinen Kameraden die unbestrittene Meisterschaft in diesem Sport ein. Auch später habe ich kaum
jemanden gefunden — allerdings ohne an einen
hierin eigens trainierten Sportsmann geraten zu
sein —, der den Speer weiter warf als ich.

Weniger erfreuliche Spuren hinterließ meine Lek-
türe von Beckers Erzählungen gelegentlich an der
Unterwäsche und den Kleidchen der kleinen Schwester. Zu meinen Lieblingsspielen gehörte nämlich:
»Achilles schleift die Leiche Hektors«, und es läßt sich
denken, daß nicht ich es war, der dabei die Leiche
Hektors darzustellen hatte! Dazu mußte das Schwesterchen herhalten, die dann mit den Füßen an unsern kleinen blauen Blockwagen gebunden, in mög-
lichster Nachgestaltung des Bildes von Preller, mit
zurückgeschlagenen Armen im Sande lag. Ich selber
stand auf dem Wagen, feuerte die imaginären Rosse
an, schleuderte die Lanze, so daß sie in den Rasen
fuhr »und der Schaft noch lange zitterte«. Hin und
wieder sprang ich vom Streitwagen und riß ihn, nun
in die Rolle der schnaubenden Rosse fallend, ein Stück
weiter durch den Garten. — Die Wirkung auf die Gar-
derobe des Schwesterchens, besonders auf das weiße
Höschen, mag man sich vorstellen, — ebenso den
nachherigen Empfang durch unsere Mutter.

Ach, — die Erinnerung an das weiße, oder vielmehr
schmutzige, Höschen verführt mich zu einer Ab-
schweifung: Ich glaube es war zu Pfingsten, jedenfalls

an einem strahlend schönen Frühsommer-Sonntag, als ein meinen Eltern befreundetes Malerehepaar bei uns zum Besuch erschien. Sie waren mit der Bahn von auswärts gekommen und brachten ihre Kinder, zwei in festliches Weiß gekleidete Mädchen, mit, von denen die eine in meinem Alter, die andere ein wenig jünger war. Wir spielten herrlich miteinander, ließen es dabei aber nicht mit dem Umhertollen in unserm Garten und Wäldchen bewenden, sondern irrten auch zu dem nahe gelegenen »Sandberg« ab. Das war eine Stelle, an der, wohl seit vielen Jahren schon, in breiter Front ein Hügelrücken abgegraben wurde, um Sand zu gewinnen. Damals lag ein Steilhang von vielleicht 10 Metern Höhe und 80 Meter Länge infolge der Abgrabungen offen da. Solche Sandberge und Sandkuhlen haben ja nun immer etwas ungeheuer Anziehendes; an ihrem Hang herunterzurutschen war ein Spaß ohnegleichen. — Voller Stolz, ein solches Hochvergnügen bieten zu können, säumten Schwester Tucki und ich natürlich nicht, es den kleinen Gästen vorzuführen. So rutschten wir denn alsbald zu Viert um die Wette, — immer noch mal, und immer noch mal! Leider waren aber auch lehmige Schichten in dem Hang vorhanden, und ich glaube, wir kamen uns wohl selber nicht mehr ganz geheuer vor, als wir schließlich vor den Eltern am Kaffeetisch auf der Veranda erschienen. *Wie* sahen wir aus! Vor allem, — wie waren die beiden kleinen Mädchen, unsere

Gäste, zugerichtet, die vor einigen Stunden in blühendem Weiß gekommen und nun wie durch den Senf gezogen dastanden! Reinigen oder Umkleiden war unmöglich; es blieb den bedauernswerten Eltern der beiden nichts anderes übrig, als die nun drängende Heimreise anzutreten und zwischen all den Sonntagsspaziergängern mit ihren erdferkelhaften Töchtern zum Bahnhof zu wandeln.

So ganz haben wir Kinder es wohl nicht erfaßt, was wir angerichtet hatten, denn »alles was uns dazu trieb, das war so gut und war so lieb«! — Obgleich Tucki und ich zur Strafe sofort ins Bett gesteckt wurden, wußten wir aus dieser uns nicht ungewohnten Erziehungsmaßnahme nach nur kurzem Insichgehen doch unsern Honig zu saugen. Ich kann mich erinnern, daß wir recht vergnügt miteinander im Bett gespielt haben.

Freilich, der Sandberg bekam für uns bald darauf denn doch ein anderes Gesicht. Wir waren ja nicht die einzigen, die ihn allzugern als Spielplatz und Rutschbahn benutzten. Eines Tages, als sich Kinder der Nachbarschaft dort vergnügt hatten — und es waren noch recht kleine Kinder gewesen —, hatten sie einigen größeren, die etwas später hinzugekommen waren, aus der Sandgrube entgegengerufen: »Geht da man nicht hin, — Hans liegt da schon unter!« — Zum Glück war jemand gekommen, der das Geschehene erfaßte und Erwachsene mit Spaten her-

beirief. So konnte das von herabrutschenden Sand-
massen verschüttete Hänschen noch im letzten Augenblick gerettet werden.

Um aber von der Sandkuhle wieder zur Literatur
zu kommen:

Wenige Jahre vor dem Niederschreiben dieser Zeilen hatten mehrere Professoren mit auswärtigen
Kollegen im Kieler Ratskeller beisammen gesessen.
Als die Herren schon den Heimweg antreten wollten,
wurde beim Durchschreiten verschiedener Räume
ihre Aufmerksamkeit durch ein imposantes Gemälde
gefesselt: Ein altertümliches mächtiges Segelschiff
mit Rahtakelung und vielen Kanonen, von Pulver-
dampf und Rauch umwallt, war der Hauptgegenstand
des Bildes, welches eine Phase aus dem Seegefecht
vor Eckernförde während des schleswig-holsteini-
schen Erhebungskrieges darstellte. Das große Schiff
mit dem wehenden Danebrog über dem Spiegelheck
war das unglückliche dänische Linienschiff Christian
VIII., und weiter draußen in der Bucht lag auch die
Fregatte Gefion.

Einer der Professoren begann nun zu demonstrie-
ren und schilderte, dabei immer lebhafter werdend,
in allen Einzelheiten den ganzen Verlauf jenes Ge-
fechts, das wohl eines der seltsamsten gewesen ist,
von denen die Seekriegsgeschichte zu berichten weiß.
Nicht allein die energische Verteidigung durch die
Strandbatterien Jungmann und Preußer, sondern

ebenso eine Kette geradezu unwahrscheinlich anmutender Zufälle ließ das Gefecht für die dänischen Schiffe trotz ihrer ungeheuren artilleristischen Überlegenheit auf das Unglücklichste enden.

Paludan, so hieß der dänische Admiral. Um sein in Brand geschossenes, durch steifen Ostwind auf Grund geratenes und manövrierunfähig gewordenes Flaggschiff vor völliger Vernichtung zu bewahren, ließ er den Raddampfer Hekla zum Abschleppen heransignalisieren. Es gelang auch, die Schlepptrosse auszubringen, aber da — welch phantastischer Zufall — schnitt eine Kanonenkugel die Trosse durch. — Ein neuer verzweifelter Versuch, die Schleppverbindung herzustellen: Da schlug eine Kugel in den Radkasten der Hekla und zwang diese, sich selber in Sicherheit zu bringen.

Paludan strich die Flagge; das vielstündige Gefecht war zu Ende. Es begann das Ausbooten der überlebenden Dänen vom brennenden Schiff, geleitet von Unteroffizier Preußer. Doch ehe die Rettungsaktion beendet war, hatte der schwelende Brand auf Christian VIII. die Pulverkammer erreicht. Das stolze Schiff flog in die Luft, und mit vielen dänischen Seeleuten fand auch der tapfere Unteroffizier Preußer den Tod.

»Und wann war das?« fragte einer der Zuhörer.

»Am 5. April 1849« antwortete der Erzähler — und das war ich.

»Merkwürdig, — man könnte meinen, Sie seien dabei gewesen!«

Das war nun freilich nicht der Fall, — aber ich nahm die Bemerkung als das hervorragendste Zeugnis für ein Buch, in das ich mich in der Kinderzeit wieder und wieder mit glühendem Eifer versenkt hatte und das schon mein Vater als Junge besessen hatte. Es ist »Das Buch von der Deutschen Flotte« von Kapitän zur See R. Werner, illustriert von Wilhelm Diez. Die mir gehörende zweite Auflage ist 1874 bei Velhagen und Klasing erschienen. — Im Laufe der Jahrzehnte sind nicht wenige Bücher geschrieben worden, welche, unserer »auf dem Wasser liegenden Zukunft« wegen, die Jugend für das Seewesen, insbesondere für die Marine begeistern sollten. Ich habe deren mehrere gelesen und vergessen. Ihr nur allzuoft leichtfertig-schnodderiger Ton hat nichts hinterlassen. Denn was besagten sie alle gegenüber dem trefflichen Werk des originellen nachmaligen Vizeadmirals Werner! — Ich will die Kinderei nur gestehen: So oft ich eine Schreibfeder, eine Tintensorte, ein Schreibpapier oder eine Schreibmaschine ausprobieren will, so geschieht das noch heute nicht anders als in früheren Jahrzehnten meines Lebens mit den stimmungsvollen Sätzen:

»Es ist ein kalter trüber Novembermorgen. Der nasse Nebel dringt mit eisiger Kälte bis auf die Haut und läßt jeden, den nicht unabweisliche Geschäfte

zum Ausgehen nötigen, das behagliche Zimmer auf-
suchen. Nur am Bollwerk des Hafens herrscht reges
Leben. Eine Menge Boote befördern Passagiere zwischen dem Lande und Sr. Maj. Fregatte ›Seestern‹,
die seefertig in der Mitte des Hafens liegt. Der ›blaue
Peter‹, das Zeichen der Abfahrt, weht vom Vor-
topp . . . usw.«

In ganzen Absätzen weiß ich das Buch noch auswendig, — so oft ist es durchgelesen oder besser durch-
studiert worden. Auch das Seegefecht vor Eckernförde
hat sich dabei früher Erinnerung eingeprägt. Denn das
eben war das Fesselnde, daß über den Bau, die Ausrüstung, die Bemannung der Kriegsschiffe alles in einer
strengen Sachlichkeit vorgetragen war, durch die sich
der jugendliche Leser durchaus als voll genommen
fühlte. Auch wo es um die Schilderung des Lebens an
Bord ging und man die Fregatte »Seestern« auf ihrer
Reise in die ostasiatischen Gewässer begleiten durfte,
war man wirklich mit an Bord, weil die gepflegte, von
freundlichem Humor durchzogene Sprache des Ver-
fassers jeden Ton des Überschwenglichen und Un-
wahren vermied. — Im übrigen war Wilhelm Diez,
von dem die zugehörigen Illustrationen stammten,
auch kein Geringer seines Faches.

Den alten Band meines Vaters habe ich durch den
Krieg zusammen mit vielen anderen Büchern ver-
loren; es war der einzige, für den ich mich durch die
Suchanzeige eines Antiquariates um Wiederbeschaf-

fung bemühte. Und sie gelang! Schon nach wenigen Wochen konnte ich das geliebte Buch, wenn auch in einem anderen Exemplar mit dem fremden, kindlichen Namenszug des einstigen Besitzers vom Jahre 1876, wieder in die Hand nehmen. Jede der vertrauten Zeichnungen wurde von Neuem erlebt und das ganze Buch noch einmal gelesen. — Ob jener fremde Junge auch solche Freude daran gehabt hat?

# Einflüsse der bildenden Kunst

»Wem Gott will recht die Kunst erweisen,
Den schickt er in die weite Welt!« —

Das war auch so einer meiner Liedertexte, dessen
Berichtigung die Eltern (sicherlich zu ihrem schmun-
zelnden Vergnügen) offenbar lange Zeit unterlassen
haben. — Nun ja, wie hätte ich mir den Lieben Gott
auch besser vorstellen können, als den Maler aller
Maler, der allen denen, die in seiner schönen Welt
den Pinsel zu führen bestrebt sind, selber die Anleitung gibt!

Bilder und Kunst überhaupt machten die Atmosphäre des Hauses aus; Vater hatte sein Atelier, Mutter hatte ihr Atelier, frischer Farbengeruch durchzog
fast alle Räume, selbst die Küche, denn hier standen
neben dem Aufwaschgeschirr auch täglich die zu
waschenden Pinsel in erklecklicher Menge.

Die Bilder an den Wänden stammten natürlich
größtenteils von Vaters Hand und wechselten häufig,
je nachdem, wie sie auf Ausstellungen geschickt wurden, zurückkamen oder durch eben entstandene abgelöst wurden. Von solchem Wechsel aber blieben
einige besondere Plätze ausgenommen, die den ganz

großen der Malerei vorbehalten waren, und zwar in den schönen Hanfstaengl-Gravüren, denn gute farbige Reproduktionen gab es damals noch nicht. Da hing ein Selbstbildnis Rembrandts, da hing seine Saskia und sein Sohn Titus; da sprengte von Velasquez der kleine Prinz Balthasar Carlos auf dem schrecklich dicken Pferdchen daher, und da prangte mit seinem nicht minder dicken Bauch der gewaltige Feldherr Borro.

»Wer ist das?« — wird die erste kindliche Frage vor diesen Gestalten gelautet haben. — »Das ist Rembrandt, — das ist Velasquez!« — Vielleicht nur, weil man in jenem Alter jeden nur einigermaßen vertrauenerweckenden Erwachsenen zum »Onkel« oder zur »Tante« macht, vielleicht auch, weil die vertrauten Bilder gleichsam zum Bestand der Familie gehörten, verkehrte ich mit ihnen nur als mit »Onkel Hemman« und »Onkel Laskes«. Meine Eltern jedenfalls haben mich nicht eines anderen belehrt, ich selber war aber später doch etwas enttäuscht, als mir klar wurde, daß Rembrandt und Velasquez doch nicht so eng zur Verwandtschaft gehörten, wie Onkel Ocku, Onkel Karl oder Onkel Franz.

Wenn ich das Wort von des Vaters Segen ein wenig variiere, so kann ich sagen, daß des Vaters Bilder den Kindern Häuser gebaut haben. Das gilt zum guten Teil noch für das Haus, das ich jetzt bewohne und erst kürzlich erworben habe; ganz und gar und im wörtlichsten Sinne aber trifft es zu für das allererste Haus, das ich mir errichten durfte, denn dessen Wände und Dach bestanden aus Bildern selber. — An dunklen Wintertagen, wenn Vater des schlechten Lichtes wegen nicht malen konnte, sondern bei der Lampe am Radierpult stand oder sich anderweitig beschäftigte, durfte ich bisweilen bei ihm im Atelier spielen und, wie gesagt, aus richtigen großen auf Leinwand gemalten und auf Keilrahmen gespannten Bildern ein Haus bauen, in das ich selber hineinkriechen und es mir unter seinem Dach gemütlich machen konnte. Das setzte bei meinem Vater neben dem vollen Verständnis für den Genuß, den er mir dadurch bereitete, ein Vertrauen in meine Behutsamkeit voraus, über das ich mich später gewundert habe. Wie leicht ist doch so eine gespannte Leinwand beschädigt oder gar durchstoßen! Die Bilder konnten, wenn sie die Hauswände und das Dach bilden sollten, ja nur vorsichtig aneinandergelehnt oder allenfalls noch durch einen eingebauten Stuhl gestützt, ihren Halt finden; sie standen also nicht viel fester als ein Kartenhaus. — Freilich, seine besten Bilder wird Vater mir nicht dafür überlassen haben, und wenn ich mich auch nicht mehr dessen erinnere, kann es wohl kaum anders gewesen sein, als daß er selber half, die großen, von dem kleinen Jungen kaum zu regierenden Stücke zusammenzubauen. Aber das weiß ich recht wohl, wie unsagbar schön und behaglich es war, wenn ich auf einem Heidschnuckenfell darinnen lag und durch einen Spalt dem Vater bei seiner Arbeit zusah.

Dieses Häuserbauen war zweifellos schon eine etwas bedenkliche Sache; es ist aber auch vorgekommen, daß Vater ein großes Bild in Streifen zerschnitt, um damit das Gitter meines einstigen Kinderlaufställchens soweit abzudichten, daß es als Kückenauslauf dienen konnte. — Während nun besagter Hausbau sich ganz in privater Abmachung zwischen Vater und Sohn vollzog und aus der Abgeschiedenheit des Ateliers niemandem zur Kenntnis kam, stand der famose Kückenauslauf mit seinem Gemäldefries natürlich allen sichtbar im Freien und regte auch unser findiges Hausmädchen zu zweckvoller Verwendung der Kunst an.

Gewiß, es ist etwas lästig, beim Einwichsen eiserner Öfen mit Pottschwarz die Bürste so vorsichtig zu handhaben, daß dahinter nicht die Tapete oder die sauber gekalkte Wand bespritzt wird. Da ist es schon bequemer, sich einfach aus dem Atelier ein hinreichend großes Bild zu holen, das ja ohnehin nur aus Farbenklecksen aller Art besteht, und es als Schutz zwischen Ofen und Wand zu stellen. — So geschah es in Abwesenheit der Eltern mehrfach und in aller Unschuld, bis dann bei solcher Gelegenheit das arme Mädchen mit dem Stiel vom Bohnerklotz durch das als Kotflügel mißbrauchte Gemälde fuhr und das große Loch sich nun nicht verheimlichen ließ. — Es war ein Bild, um das die Trauer sehr groß war.

Vater war, manchmal wohl aus einer augenblicklichen Stimmung heraus, rasch bei der Hand, ein Bild, das ihm nicht gelungen erschien, zu verwerfen. Die Leinwand wurde dann mit einem anderen Bild übermalt, oder auch, wie im genannten Fall des Kükkenauslaufs, vernichtet.

Einmal baute Vater als überraschendes Geschenk für Mutter eine wundervolle Kochkiste. Die Kiste an sich — sie hatte eine Sendung von Weinflaschen enthalten gehabt — war roh, wie solche Frachtkisten eben sind. Innen wurde sie unter einem haltbaren Stoff mit Heu gepolstert, und ebenfalls mit Heu ausgestopfte Kissen ließen den Platz für zwei schöne von Vater angeschaffte Kochtöpfe. Weil nun aber die Kiste auch außen anständig aussehen sollte, überzog er sie mit starker Malleinwand, was unsere sparsame Mutter zwar sehr schön, aber doch auch etwas großartig in Anbetracht dieses kostbaren Materials fand.

Viele Jahre lang hat diese Kochkiste unsern Reis gar gemacht und das Essen warm gehalten. — Schließlich aber — mein Vater war schon lange tot und ich selber inzwischen erwachsen — war die innere Bespannung so schlecht und auch das daruntersitzende Holz schadhaft geworden, daß ich die gute alte Heukiste abwracken mußte, wobei ich aber sehr vorsichtig beim Lösen der äußeren Wandbespannung war, weil sich diese noch als gut erhalten erwies. Und was kam darunter zum Vorschein? Ein entzückendes Bild mit einem Motiv aus unserm Wäldchen! Und darauf hatten wir nun, ohne es zu ahnen, etwa fünfzehn Jahre lang gekocht! Meine Mutter hat dann das Bild wieder aufgespannt, gereinigt und gefirnißt, und es ist uns in doppelter Weise lieb geworden, wenn auch von dem ursprünglichen Format nur ein Ausschnitt erhalten werden konnte.

# Tigerlaus und andere Musik

»Tiere raus!« sollte das eigentlich heißen. Aber Vater und ich sagten nur »Tigerlaus«, nachdem mein kindlich-schöpferischer Unverstand einmal diese treffende Bezeichnung für das wundervolle Spiel erfunden hatte. Sein Anfang liegt sicherlich viel weiter zurück, als mein Gedächtnis reicht, doch muß es lange Zeit hindurch so häufig und offenbar in immer raffinierter werdender Vollkommenheit von Vater und Sohn geübt worden sein, daß »Tigerlaus« eine bedeutende Rolle unter den frühen Erinnerungen spielt.

Wir besaßen nämlich eine gewaltige Menagerie; die konnte sich sehen, — oder besser — hören lassen, denn sie wohnte im schwarzen Klavier in Vaters roter Stube und hat mir weit mehr Entzücken bereitet, als die damals ebenfalls vorhandene »Arche Noah«. Unter deren aufklappbarem Dach konnte man zwar eine Menge Tiere herausholen, von jeglicher Art ein Pärchen, konnte sie in langem Zuge aufbauen oder sie im Kreise herumstehen lassen, aber es waren doch nur steife Holztierchen; sie wurden bald langweilig.

O, da hatten wir aber doch noch andere, und zwar höchst lebendige Tiere! Mit ungeheurer Spannung wurde der Augenblick erwartet, in dem Vater sich in der Dämmerstunde ans Klavier setzte. — »Tigerlaus, Tigerlaus!« verlangte ich dann stürmisch. Und wenn man es recht bedenkt, so umfaßte diese Forderung in kürzester Form wirklich alles, was das Riesenprogramm unserer Menagerie zu bieten hatte, — handelte es sich doch um nichts Geringeres, als dem breiten Klaviergebiß den ganzen Stimmenumfang vom Tiger- und Löwengebrüll dröhnender Bässe bis zu den Piepvögeln im Diskant zu entlocken. Und ganz ganz oben konnte man noch so ein bißchen winziges Läusegekribbel machen.

Aber womit wird es heute losgehen? — Kommt erst ein kleiner Piepvogel? Oder Bullwinkels Kuh? Oder das Kamel, das saufen will? — Spannung, Spannung! — Vater sitzt noch unbeweglich vor den »Tatzen« des Klaviers.

Horch! Das ist Onkel Doktors großer Hund, — aber böse ist der nicht, der tut nur so! — Und nun kommt der klüzekleine Wauwau Fips dazu. —

Wir kennen sie alle ganz genau, unsere Tiere.

Husch, — das Mäuschen saust vorüber! — Tapp, tapp, — tapp, tapp! Ist das nicht die Schildkröte?

Sogar eine Ringelnatter hatte Vater im Klavier. Hui, hui, — wie sie sich (in chromatischen Windungen muß ich heute sagen) dahin schlängelt!

Und dann, ja dann: Es brüllt der Tiger, es brüllt der Löwe, und dann brüllen beide um die Wette, und da brüllt der Vater und quiekt vor Wonne der Junge — und alle die anderen Tiere laufen weg, — und schließlich sogar die Mutter, die es nicht mehr aushalten kann.

Das war die von Vater und Sohn betriebene Programm-Musik ursprünglichster Art.

Als der Junge etwas größer geworden und von den Tieren im Klavier nicht mehr die Rede war, begann er Vaters allabendliches Spiel in anderer Weise zu genießen. Wenn dann am Klavier die Kerzen brannten, lag der Junge am liebsten lauschend und träumend auf dem Heidschnuckenfell vor dem Sofa.

Oft auch schlich er auf Zehen hinter den Vater, um in die Noten zu sehen. Lesen konnte er sie freilich noch nicht, bemühte sich aber dennoch, dem Spiel mit den Augen zu folgen und war glücklich, wenn hin und wieder der Augenblick des Umblätterns zeigte, daß er einigermaßen mitgekommen war. Aber das war noch selten, — denn steckten die Noten mit ihren gar so verschiedenen Gesichtern nicht voller Wunder und Überraschungen?

Da gab es helle runde Mondgesichter, die gut und sanft aussahen, die sich auch nicht drängelten, sondern gehörigen Abstand voneinander hielten. Meist waren sie auch so freundlich, wie sie aussahen, — aber durchaus nicht immer, denn bisweilen hatten sie es viel eiliger, als man zunächst gedacht hatte, und hingen gar mehrere solcher Mondgesichter übereinander an einer langen Stange, so konnten sie auch gewaltig laut und protzig werden!

Außer den »netten« Noten gab es aber auch sehr »böse« aussehende, die um so finsterer dreinblickten, je mehr ihrer durch dicke schwarze Balken aneinander gefesselt waren. Wie gefährlich konnten sie sich gebärden, wenn sie in langen Ketten als rabenschwarze Buhmänner die Treppen hinauf oder hinunter zu jagen drohten! Mit äußerster Spannung wartete man darauf, was sie sagen würden, wenn Vater sie unter die Finger kriegte, — und ob er sie überhaupt würde bändigen können.

Aber auch diese vermeintlichen Buhmänner ließen sich manchmal ganz anders vernehmen, als man erwartet hatte. Bisweilen konnten sie viel lieblicher sein, als manche der so freundlich ausschauenden Mondgesichter. — Viel später, als Vater schon lange tot war, ging mir auf, daß es der zweite Satz der Appassionata gewesen sein mußte, der mich bei seinem Spiel einst völlig überrascht, ja überwältigt hatte; waren es doch gerade die so böse aussehenden Zweiunddreißigstel gewesen, die die Variation des Themas mit so schmerzlich süßem Wohllaut umwanden, daß mir die Tränen in die Augen traten.

»Junge, du mußt ins Bett!« — Wie oft bedurfte es sanfter Gewalt, um mich von meinem Platz am Klavier oder auf dem Heidschnuckenfell loszubringen. Aber die Türe durfte angelehnt bleiben, wenn ich in meiner Kammer lag und von dort noch lange dem Spiele lauschte. — Der trauliche Lichtschein durch den Türesspalt; Vaters schöne Musik; das Wissen, daß auch Mutter drüben in der Stube an ihrem Flickkorb saß; — geborgener als unter solchen Zeichen kann ein Kind sich nicht fühlen zwischen Wachen und Einschlafen.

# Vom Twiebeler

Ich habe es nie begreifen können, warum ausgerechnet der Ziege alle möglichen unangenehmen Eigenschaften nachgesagt werden. Gewiß, sie hat ihre Eigenheiten; aber es muß schon ein grundübler Mensch gewesen sein, der seine eigenen charakterlichen Mängel zum ersten Mal dem unschuldigen Tier anzuwerfen suchte, das sich ebensowenig dagegen wehren kann wie ein Kleiderständer, dem die gestreifte Jacke des Sträflings angehängt wird. Unverantwortlich sind alle jene, die dem Verleumder gedankenlos solche Gehässigkeiten wie »störrische Ziege«, »falsche Ziege«, »häßliche alte Ziege« nachschwätzen. Schließlich hat gar ihre Stimme als Symbol übler Nörgelei aller Schattierungen herhalten müssen!

Es war an meinem fünften Geburtstag, als ich mit dem Geschlecht der Ziegen zum ersten Mal in nähere Berührung kam. Ich erhielt damals zwei Geschenke, die mir den Tag unauslöschlich in der Erinnerung verankert haben. Das eine war ein »Hammerwerk«; mein Vater hatte es selber zurechtgebastelt und war, wie es seine Art war, so solide dabei verfahren, daß das etwa dreiviertel Meter lange Ding viele Jahre lang allen Mißhandlungen standhielt und nach endlicher Zerlegung in seine Bestandteile immer noch eine Weile als Wassermühle Verwendung finden konnte. — Wenn man an einer Kurbel drehte, drückten die Zähne eines hölzernen Rades einen Hammer empor, der dann auf einen Eichenklotz hernieder schlug. Bertha, unser Mädchen, die das Ding offenbar schon früher als ich zu sehen bekommen hatte, mußte es für eine Art Dreschmaschine angesehen haben, denn als ich das Wunderwerk auf dem Geburtstagstisch bestaunte, stand es sinnigerweise zwischen zwei kleinen Korngarben, die Berthas Hand aufgebaut hatte. Zum Dreschen hat das Hammerwerk denn auch seine erste Verwendung gefunden.

Bertha brachte aber noch etwas anderes, und das war »Lämmi«, — ein weißes Ziegenlamm mit einem Kranz von Glockenblumen um den Hals. — Was für Kinder ein Ziegenlamm bedeutet? Jubel und Seligkeit und zärtliche Liebe für das muntere kleine Geschöpf!

»Freut euch des Lebens
So lang noch das Lämmchen glüht!«

So sang unsere fröhliche Großmutter so gern, — oder so glaubte ich wenigstens sie singen zu hören. Im Gedenken an Lämmi war es ein Lied so recht nach meinem Herzen, während ein anderes von Großmutters »Tierliedern«, das »Entchen von Tarau«, mich stets etwas traurig stimmte.

Ach, das kleine Lämmi! — Alles war so lieb, so nett

und so sauber an ihm, — selbst seine kleinen Kaffee-
böhnchen.

Meine Mutter hat später erzählt, wie ich mich damals noch kläglich in ihre Rockfalten klammerte,
wenn ein größerer Hund des Weges kam, — wie ich
aber eines Tages doch tapfer auf Kaufmann Kattenhorns große Dogge losgegangen sei, als diese meinem
Lämmi zu nahe kommen wollte. Ich selber kann mich
dessen nicht entsinnen.

Im Winkel zwischen Hauswand und Torfstall war
eine von Wein umrankte kleine Laube. Dort war der
Platz, wo Lämmi und ich miteinander zu spielen
pflegten. Aber wenn ich der Erinnerung an sonnige
Morgende früher Kindheit Raum gebe, so klingt zu
den Kapriolen des Zickleins allemal auch der melan-
cholische Gesang von Bertha aus dem nahen Küchenfenster als Begleitung mit auf. Sie hatte eine schöne
Stimme, und zwei Lieder sind es vor allem, die mir
unauslöschlichen Eindruck machten:

»Es wollt ein Mägdlein früh aufstehn,
Dreiviertel Stund vor Tag — «

Das war für mein Empfinden ein unsagbar trauriges Lied, und wenn es dann weiter ging:

»Wollt in den Wald spazieren gehn,
Wollt Brombeern brechen ab.«

dann war es auch schon meist so weit, daß ich Tränen schlucken mußte. — Weniger traurig fand ich
es, wenn Bertha sang:

»Sag mir das Wort, das so gern ich gehört, —
Lang, langes Teer, lang, langes Teer!«
Jawohl: Lang, langes Teer! Erst mehrere Jahre später, als dieses Lied mir in der Klavierschule wieder
begegnete, ging mir auf, daß bei Berthas Gesang
meinerseits wohl ein Hörfehler vorgelegen haben
mußte. Dennoch hatte die Sache mit dem langen Teer
durchaus ihre Richtigkeit. Denn neben der Weinlaube
stand die Regentonne, und sie war ein besonderer
Anziehungspunkt nicht nur, weil man darauf Schiff-
chen schwimmen lassen und mit Wasser planschen
konnte, sondern eben auch wegen dem »langen Teer«,
worauf ich den Gesang unseres Mädchens bezog. —
Dickliches Teer hing nämlich, wie schwarze Eiszapfen, aus dem vom Dach kommenden Zuflußrohr über
der Tonne heraus. Bei warmem Wetter besaß es eine
herrliche Plastizität und ließ sich in begeisternder
Weise zu langen Fäden ausziehen. Auch wuchs der
Zapfen, wenn man ihn gänzlich aus dem Rohr her-
ausgepult hatte, in wunderbarer Weise wieder nach,
weil von dem geteerten Dach des Torfstalls immer
wieder etwas von der schwarzen eingedickten Masse
durch Dachrinne und Abflußrohr in zähem Fließen
den Weg nach abwärts fand. — Mag es im Duden
auch *der* Teer heißen, — für mich blieb es noch bis
weit in die Schulzeit hinein *das* Teer. — Ja ja, lang,
lang ist's her!
Nachts sowie bei Regenwetter fand Lämmi in ei-

nem abgeteilten Winkel des Torfstalls sein Quartier. Im Torfstall lag unser Vorrat an Brenntorf, und ebendort pflegte man auch mich einzusperren, wenn ich als Strafe für irgendeine Untat eine Haft abzusitzen hatte.

Mit dem Einsperren war es nun freilich so eine Sache; ich glaube, mit der Anwendung dieses Erziehungsmittels sollte man besonders vorsichtig sein. Nicht nur im Torfstall, sondern auch in unserm späteren Hause, wo ich meine Sünden gelegentlich in einem dunklen »Hock« unter dem Dach büßen sollte, nahm die Angelegenheit meist einen anderen Ausgang, als meine Eltern beabsichtigt hatten. Der bedenklichen Wirkung, daß sich empfänglichen Kindern in der Abgeschiedenheit solch dunklen Raumes Angstzustände einstellen, welche die Furcht vor dem »Buhmann« oder anderen Gespenstern groß werden lassen, weiß ich mich für mein Persönchen allerdings nicht zu erinnern. Wenn die Tür des Dachhocks hinter dem Übeltäter verriegelt wurde, wenn dann der Schritt der Mutter sich die Treppe hinunter verlor, quittierte ich das je nach Lage der Dinge mit Schweigen, trotzigem Gebrüll oder gar mit nassem Höschen, — und zwar letzteres leider durchaus mit dem rachsüchtigen Trumpf: »So, da habt Ihr die Bescherung!«

Im Torfstall dagegen war der erzieherische Erfolg bedeutend, aber auch wiederum anders, als beabsichtigt. Die bedrückende Anfangswirkung der Dunkelheit verlor sich sehr bald und schlug in das Gegenteil um. Schon der Geruch des Torfes hatte im Grunde etwas Beruhigendes. Und dann fing das Auge an, sich einzugewöhnen und machte Entdeckungen, die das Arrestlokal schließlich zum wunderbaren Erlebnis werden ließen, — wenigstens wenn draußen die Sonne schien. Das hütete ich natürlich als persönliches Geheimnis. — Der Stall hatte eine hochgelegene Luke, durch deren Ritzen und Astlöcher, teils in schmalen Bändern, teils in feinen Strahlen, das Sonnenlicht in mein Gefängnis fiel. In den Sonnenstrahlen aber tanzten die Torfstäubchen, welche den ganzen Raum erfüllten, in rotbraunem Gold, und köstlich ließ sich der Tanz noch verdichten, das Glühen noch verstärken, wenn man den am Boden liegenden Grus gehörig aufwühlte. Wohl nur durch Torfstaub kann der Zaubertanz im Sonnenstrahl ein solches Maß von geheimnisvoller Schönheit erreichen. Da wurde einem wahrhaftig die Zeit nicht lang, wenn man auf dem Torfhaufen sitzend solch erhabenem Wunder nahe war. — Wenn sich die Tür schließlich öffnete und ich den Stall verließ, geschah dies zwar mit schwarz umrandeten Nasenlöchern, doch mit geläuterter Seele.

Auch Lämmi verbrachte also einen Teil seiner Jugend in jenem Torfstall. Ob es dessen Reize zu schätzen wußte? Damals war ich davon überzeugt, — heute bezweifle ich es. Die Voraussetzung für einen ordentlichen Ziegenstall bot er jedenfalls nicht, und da weder der Rasen vor unserm Worpsweder Hause auf die Dauer genügend Gras und Heu abgeworfen hätte noch meine Eltern die Absicht hatten, eine erwachsene Ziege zu halten, so schlug, als der Herbst kam, die Abschiedsstunde. Sie war bitter. — Ich mußte Lämmi zu einer befreundeten Familie bringen, um zwei kleine Mädchen, etwa im gleichen Alter wie ich, mit ihm glücklich zu machen. Dort kam das Tier in einen richtigen Stall und auf eine ordentliche Weide, wo es zu einer tüchtigen Milchziege heranwachsen sollte. — Sollte! — Tat es aber leider nicht.

Ich habe Lämmi nur noch wenige Male besuchen können, weil meine Eltern bald darauf den Wohnort wechselten, aber Kunde von ihm erhielten wir noch einmal nach einer ganzen Reihe von Jahren, als wir am neuen Ort von den Worpsweder Freunden Besuch erhielten. Lämmis Schicksal war traurig gewesen und hatte vorzeitig beim Schlachter geendet. Es war zwar kräftig herangewachsen, hatte sich aber weder zur Ziege noch zum Bock entwickelt, sondern war ein »Twiebeler« geworden, wie die Leute sagten, einem »Zweifeler« an seinem eigenen Geschlecht, der jede in ihn gesetzte Hoffnung nach der einen wie der anderen Richtung enttäuschen mußte.

# Wir fahren nach Itzehoe

Vermutlich werden sich wenige Leute finden, selbst wenn man die Eisenbahnschaffner befragt, welche mit derartiger Geschwindigkeit die Namen der Stationen zwischen Altona und Itzehoe herunterrasseln können, wie meine Schwester und ich. Frühe Übung hat hier zur Meisterschaft geführt. Wie diese Stationenfolge einer Rakete gleich aus unserm Munde sauste, ist nur durch ein einziges Wort wiederzugeben, das möglichst auch noch einsilbig ausgesprochen werden sollte:

»EIDELSTEDTHALSTENBECKPINNEBERG-
TORNESCHELMSHORNSIETHWENDE-
HERZHORNGLÜCKSTADTKREMPEKREM-
PERHEIDEITZEHOE«

Freilich, einige Haltestellen sind später noch hinzugekommen, wie »Elbchaussee« und »Prisdorf«, — aber die haben wir der abschnurrenden Wortakrobatik nicht mehr einzufügen gelernt. Auch rückwärts, das heißt, von Itzehoe nach Altona kann ich den borstigen Ringelwurm nur stolperig unter längerem Überlegen zusammen bringen. Und das hat seinen guten Grund: In Itzehoe wohnten Ocku und Anni. Und jede Reise zu Ocku und Anni glich von

Altona ab einem sich steigernden Freudentaumel; unter zunehmend ungeduldigerer Erwartung wurden während der Fahrt immer wieder die noch fälligen Stationen rekapituliert, und wenn der Zug es schließlich bis Krempe oder Kremperheide geschafft hatte — das war gewöhnlich gegen Sonnenuntergang —, dann hatten wir Kinder es dahin gebracht, vor Begeisterung vollends außer Rand und Band zu sein!

Ging aber die Reise in umgekehrter Richtung vonstatten, fuhren wir nach herrlichen Ferientagen bei Ocku und Anni wieder nach Hause, so empfanden wir weniger einen Anlaß, ungeduldig Stationen zu zählen und auswendig zu lernen.

Die frühesten Erinnerungen an die Reisen nach Itzehoe greifen in die Zeit zurück, als es den Hamburger Hauptbahnhof noch nicht gab und im Hafen der mastenreiche Wald der großen Segelschiffe zu sehen war. Damals traf man, von Bremen kommend, in Hamburg auf dem »Hannoverschen Bahnhof« ein. Wer ins Holsteinische weiterreisen wollte, mußte sich zu Fuß oder mit der Droschke zum Bahnhof »Klosterthor« begeben. Meist gingen wir zu Fuß — unsere Eltern waren sparsame Leute —, und der Weg war nicht länger als ³/₄ Kilometer, — aber interessant war er, geradezu verwirrend interessant, führte er doch über zwei Hafenbrücken, über die außer uns Fußgängern auch zischende Lokomotiven mit Güter-

wagen mitten auf der Straße im Schritt-Tempo da-
hinrollten. Ein Mann, der unentwegt mit der Hand-
glocke pingelte, ging dann dem schwarzen Ungetüm
voraus. Und unter uns fuhren Schiffe, — und Schiffe
rechts und Schiffe links! Was für ein aufregender
Betrieb war das, — welch ein Leben der Großstadt!
Auf der einen Seite von Mutters Rock klammerte sich
während des ganzen Weges angstvoll unser kleines
Kindermädchen aus dem Teufelsmoor fest, und ich
werde es auf der anderen Seite wohl geradeso gemacht haben. — Aber dann gab es auf dem Bahnhof Klosterthor eine herrliche Tasse Kakao, ehe der
Zug nach Itzehoe abging, und es war alles wieder gut.

Bald nach Altona — das war bei Halstenbek und
Tornesch — gab es etwas sehr merkwürdiges zu sehen: Baumschulen! — *Baumschulen?* Gibt's denn
das? — Ja, das gibt es. — Du siehst es ja! — Sieh, dort
steht ein ganzes Feld voll klüzekleiner Baumkinder,
die gerade erst zur Schule gekommen sind! — Und
dort ein anderes, da sind die Bäumchen schon in der
zweiten Klasse; — und die großen dort hinten, die
werden wohl schon bald konfirmiert, werden dann
aus der Schule entlassen und bekommen gewissermaßen lange Hosen an.

Gewissermaßen? Was heißt gewissermaßen? Be-
kommen sie lange Hosen oder bekommen sie keine?
— Doch, sie bekommen schon; wenigstens manche.
Wenn sie aus der Schule kommen, werden sie näm-

lich verschickt, und dazu schnürt man ihnen die Zweige nach oben zusammen und steckt sie in eine Hose aus Sackleinen. — Ah so! — und wo sind die Lehrer? — Die siehst Du jetzt nicht, — es ist ja schon spät am Nachmittag, da haben die Bäumchen keinen Unterricht mehr.

Als wir später in Bröcken unser eigenes Wäldchen und einen großen Garten hatten, habe ich mir in Gedanken an Halstenbek und Tornesch mehrmals eine »Baumschule« angelegt. Die erforderlichen Schüler, das heißt Keimlinge und Jungpflanzen, waren ja im Walde reichlich zu finden. Aber ich war ein schlechter, pflichtvergessener Lehrer. Es ist nie viel aus meinen Zöglingen geworden.

*Elmshorn! Siethwende! Herzhorn! Glückstadt!* ... *Krempe!* — Glühend goldener Abendschein über den weiten Marschwiesen; glühende Begeisterung, fiebernde Erwartung bei den Kindern. — Jetzt nur noch *eine* Haltestelle! — Was wird Tante Anni auf dem Tisch haben? Rote Grütze? Krabben?

*Kremperheide!* — Sandige Hügel, Heidekraut, Kiefern, Birken. — Die sinkende Sonne glüht durch die Stämme. — Und nun das grüne Tal der Stör. Der Zug fährt langsamer; die Kinder hüpfen; es geht über die alte Störbrücke, die damals als etwas wackelig galt. — Schiffe, Häuser, noch mehr Häuser; die Zementfabrik qualmt. —

*Itzehoe!* Raus aus dem Zug. Gepäckträger!!

An der Sperre steht Ocku, der gute Onkel Ocku. Und eine Droschke, ein Einspänner, steht auch schon für uns bereit. — Eine halbe Stunde später sitzen wir an Annis Abendtisch bei roter Grütze — und Krabben.

Itzehoe brachte uns neben Altvertrautem mehrfach ganz große Überraschungen, denn es war der Ort, an dem wir Kinder vom Dorfe auch mit den Fortschritten der Technik nähere Bekanntschaft machten. — Nach einer unserer Reisen geschah das Wunder, daß Ocku neben der Eßstubentür einfach »knacks« machte und sich von der Decke herab die Flut elektrischen Lichtes über das Zimmer ergoß. Das Jahr habe ich vergessen, nicht aber das Überwältigende dieses Erlebnisses.

Auch weiß ich sehr wohl noch, wie ich bald darauf alleine im Zimmer gelassen — es war in der grünen »Verandastube« —, mit etwas bänglicher Neugier zum Schalter schlich, um zum ersten Mal selber an dem Ding zu drehen. Und wirklich, — der Zauber gehorchte auch meinen Händen!

Knacks, — das Licht geht an. Ah! — Staunen, Bewunderung und Erschrecken, in der gleichen Mischung der Gefühle, die das Kind empfindet, das zum ersten Mal und allein ein Streichholz entzündet.

Nach einem Weilchen hebt sich die Hand von neuem zum Schalter: Knacks, — das Licht geht aus, oh! —

Das ist also gut gegangen, es ist nichts Böses passiert. Die entspannte Seele seufzt erleichtert auf. — Aber nicht lange, da reizt der verführerische Zauberkram von neuem. Was für Eva der Apfel war, — für mich war es jetzt die Birne. Wieder hebt sich die Hand zum Schalter, und diesmal schon ohne viele Hemmungen:

Knacks, — das Licht geht an; Knacks, — das Licht geht aus; knacks, — das Licht geht an; knacks, — knacks, — das Licht geht aus und an ... Und so fort.

Das aber hörte Ocku in seiner Stube, obgleich der Flur dazwischen lag, denn jene Schalter waren keine »Knipser«, wie heute, sondern recht laute »Knackser« mit einem ziemlich großen Messingknebel als Handhabe.

Knacks, — Licht an; knacks, — Licht aus ... Und auf einmal stand mit sehr strengem Gesicht Ocku in der Tür: »Was machst Du da! — Jedesmal Drehen kostet zwei Pfennige!«

Diese Aufrechnung meiner Sünden hat mir doch einen sehr tiefen und offenbar nachhaltigen Eindruck gemacht. Wenn nämlich heute in meinem Hause jemand die Badewanne voll laufen läßt, und wenn es dann in ähnlicher Weise wie aus Ockus alten Lichtschaltern, nur etwas dumpfer, »knack, — knack, — knack ...« aus der Gasuhr tönt, — und wenn dieses fatale Knacken gar nicht aufhören will, so muß ich oftmals mitzählen: Wieder zwei Pfennig, wieder zwei Pfennige, wieder zwei Pfennige ...« —

Ob man übrigens die elektrischen Glühlampen, wenn sie sogleich in der heutigen Form erfunden worden wären, auch als »Birnen« bezeichnet hätte? Die meisten gleichen jetzt in der Gestalt mehr dem Apfel als der Birne, — aber wir fahren ja auch immer noch mit dem »Dampfer«, obgleich seine Maschine längst der Dieselmotor ist.

Als wir einige Jahre nach dem großen Lichterlebnis wieder einmal nach Itzehoe fuhren, wartete uns Ocku mit einer neuen Überraschung auf. Wieder stand er an der Bahnhofssperre, aber kein Einspänner wartete draußen, sondern — ein Automobil!

Ocku hatte die damals wohl einzige in Itzehoe vorhandene Autodroschke für uns bestellt. Und was aus einer fünf Minuten dauernden Autofahrt durch die regennasse Stadt vom Bahnhof zur Talstraße an genußreichem Erlebnis überhaupt herauszuholen ist, das *habe* ich herausgeholt. Die Summe von Aufmerksamkeit und Vergnügen ging über jeden Begriff.

Natürlich handelte es sich nicht um das *erste* Automobil, das ich gesehen habe, — aber es war das erste, in dem ich gefahren bin, und der Unterschied zwischen beiden war immerhin schon beträchtlich. Das von Ocku bestellte Auto war schwarz, hatte ein Verdeck und Fenster, das erste hingegen, das ich mit Bewußtsein sah, steht mir als knallrotes hochräderiges Ding in der Erinnerung, in dem steif aufrecht ein Herr und eine Dame auf einem Bänkchen unter freiem Himmel saßen, — der Herr mit einer großen Schutzbrille, die Dame mit einem unter dem Kinn verknoteten Schleier, der den Hut festhielt.

Dieses aufregende Gefährt, — es wird tatsächlich eines der ersten gewesen sein, die den Weg nach Worpswede fanden, — kam die Landstraße von Bremen dahergehoppelt und blieb mit einem Knall gerade vor unserer Gartenpforte stehen, — nicht weil es uns besuchen wollte, sondern weil es nicht mehr weiter konnte. Deshalb habe ich das Ding auch eingehend betrachten können. —

Die Dame blieb sitzen, der Herr kletterte von seinem Bänkchen, guckte hier und schraubte da, drückte auch ein paarmal auf einen großen Gummiball, daß es »tuut« und einen mächtigen Eindruck machte. Dann quälte er sich an einem vorne heraushängenden Orgeldreher ab, wobei das ganze Automobil samt der Dame wackelte. Die Gummitute rief auch allerlei Leute herbei, aber helfen konnten sie auch nicht anders, als daß sie schließlich das Automobil zum Gasthaus von Welzel schoben.

# Zur Schule

Es ist eine bekannte Tatsache, daß die aus der Erinnerung aufsteigenden Bilder vor dem geistigen Auge zwar in vielen Einzelheiten die wunderbarste Deutlichkeit gewinnen können, während es oft nur sehr unvollkommen gelingt, die zeitliche Abfolge anzugeben, in der sie einstmals in unser Leben getreten sind. Statt dessen ergeben sich vor der rückblickenden Betrachtung zwischen Geschehnissen und Gestalten nachträglich so manche inneren Zusammenhänge, welche bei der Ordnung der Bilder durchaus das Vorrecht gegenüber dem rein chronologischen Bericht verlangen. So entspricht es nur der Natur unseres Erinnerungsvermögens wie der Bedeutung des einst Erlebten, wenn der Erzähler bisweilen Zeiten und Orte wechseln läßt, — wie es auch hier geschieht.

Die Eindrücke der ersten fünf Lebensjahre entstammen im wesentlichen der Worpsweder Zeit. An diese schließt sich ein etwa anderthalbjähriger Aufenthalt in Itzehoe in Holstein bei »Ocku und Anni«. In deren Obhut wurden mein Schwesterchen und ich gebracht, während unsere Mutter von schwerer Erkrankung in Kurorten Heilung suchte.

In Itzehoe kam ich in die Schule, — eigentlich zu früh, denn ich war noch nicht sechs Jahre alt, und auch zu einer Zeit, als der Beginn des Schuljahrs schon einige Monate zurück lag. Ocku, der Lehrer war, nahm mich eines Morgens einfach mit. Im Eingangsflur der Schule wurde mein Blick durch einen riesengroßen, von vielen Spritzern umgebenen feuchten roten Fleck auf dem Steinfußboden gebannt. — Das sah aber gar nicht schön aus! — Dieser rote Fleck erschütterte meine freudige Erwartung sehr, ja er bedrückte mich außerordentlich. Ich sah ihn zwar nicht geradezu als Blut an — jemand hatte hier wohl kurz vorher ein Glas roter Tinte fallen lassen —, nahm ihn aber doch als Vorboten irgendwelcher unbekannter Schrecknisse und wäre am liebsten wieder umgekehrt, hätte mich Ocku nicht an der Hand gehalten.

Ocku übergab mich dann dem Lehrer Herrn Poppe, in dessen Klasse ich nun den ersten Schultag erlebte. Und siehe da, — er war begeisternd schön! Als ich den Klassenraum wieder verließ, war der rote Fleck sowohl vom Fußboden wie auch sein Eindruck aus meinem Gemüt verschwunden.

»Willst du morgen wieder mit zur Schule?« fragte Ocku. O ja, ich wollte gern! Und damit war ich ein für allemal festgenagelt. Ocku ging mit mir zum Hutgeschäft und kaufte mir die damals übliche rote Mütze der Itzehoer »Vorschüler«.

Nun hatten aber die Abc-Schützen meiner Klasse die meisten Buchstaben bereits erschossen, während ich selber zunächst einmal die Zielübungen auf das i machen mußte und eine Menge nachzuholen hatte. Deshalb durfte ich während einiger Wochen nachmittags zu Herrn Poppe in die Wohnung kommen. Da wurde dann fleißig exerziert, Herrn Poppes Töchterchen war auch dabei, und sie und ich saßen beim Buchstabieren oft abwechselnd auf seinen Knien, und manchmal auch beide zusammen.

Durch solche Handhabung des Unterrichts gewann ich zu Herrn Poppe zweifellos ein etwas anderes Verhältnis, als es bei Schulkindern zu ihrem Lehrer gemeinhin zu bestehen pflegt. So erinnere ich mich einer Schulstunde, in der Herr Poppe, durch die Reihen der Klasse gehend, unsere häusliche Schreibaufgabe durchzusehen begann. Ich hatte dieselbe aber reichlich flüchtig erledigt und außerdem noch mit einem Tintenkleks verziert, weswegen mir nicht ganz behaglich zumute war, denn der Lehrer konnte auch recht streng sein. Als er sich mir näherte, hielt ich mein Heft noch schamhaft verschlossen und sagte:

»Herr Poppe, heute magst Du mein Schreiben gewiß nicht leiden!« — »Na, dann will ich es heute lieber gar nicht sehen!« antwortete Herr Poppe und ging vorüber.

Tante Anni wollte mir eines Tages beibringen, daß man zum Lehrer in der Schule »Sie« sagen müsse. —

»Aber Sie sagt man doch nur zu fremden Leuten«, meinte ich darauf, — »und Herr Poppe ist doch kein fremder Mensch!« — Jedenfalls konnte sich meine kindliche Zuneigung in diesem Fall nur schwer und zögernd dem allgemeinen Brauch fügen.

Wie Herr Poppe schreiben konnte, das war einfach wunderbar. Seine zarten Aufstriche, die gewichtigen Abstriche, die nie fehlende Gleichmäßigkeit der Ober- und Unterlängen, jede Rundung, jeder Schwung, ja die einzelne u-Flamme, — daß das alles vollendet schön war, wenn er uns an der Wandtafel oder im Heft vorschrieb, das konnte ich damals nur ahnen, als ich mich abmühte, seine Schrift einigermaßen nachzumalen. So schwierige Zeichen, wie etwa das große deutsche K oder das H, blieben allzu unvollkommen. Ich weiß aber noch, wie stolz ich auf eine Heftseite zurückblickte, auf der ich das Schluß-s geübt hatte, einen Buchstaben, für den ich eine besondere Vorliebe hatte; ich konnte es kaum erwarten, Herrn Poppe mein Werk zu zeigen.

Alle späteren Schreiblehrer, die ich gehabt habe, reichten bei weitem nicht an Meister Poppe heran und waren darum meiner, allerdings nicht laut werdenden Kritik ausgesetzt. Der eine schrieb mir zu steil, der andere ließ, was ich gar nicht mochte, die Buchstaben sogar etwas nach links hinüberfallen, ein dritter führte Vereinfachungen ein, die das Gesicht einzelner Buchstaben völlig farblos erscheinen ließen. Sicherlich hat das dazu geführt, daß ich im Laufe der Schulzeit gegen das Aussehen meiner Schrift schließlich ziemlich gleichgültig wurde und weidlich »geschmiert« habe; erst später habe ich mich wieder mit größerer Sorgfalt bemüht, — und zwar dann wieder im Sinne von Herrn Poppe. Noch heute ergeht es mir so, daß ich gelegentlich, besonders beim Ausprobieren einer neuen Feder, mit aller Behutsamkeit die Buchstaben im Gedenken an meinen lieben ersten Lehrer exerziere.

Oft aber habe ich bedauert, daß bei meinen eigenen Kindern von der Schule aus so wenig Gewicht auf den Schreibunterricht gelegt wurde, dem doch gewiß in der Erziehung zu Ordnungs- und Schönheitssinn, und nicht zum wenigsten in der Ausbildung einer sicheren Hand, eine hervorragende Bedeutung zukommt.

Im Gedenken an meinen lieben Herrn Poppe liegt freundlichster Sonnenschein über dieser ersten Schulzeit. Aber obgleich ich sie sicherlich sehr intensiv durchlebt habe, zeigt mir die Erinnerung, soweit es meine damaligen Mitschüler betrifft, nur wenige blasse Schemen; die meisten habe ich ganz vergessen. Um so deutlicher habe ich aus jener Zeit die Herren Primaner im Gedächtnis bewahrt, denn seltsamerweise hatte ich vorzüglich mit diesen näheren Umgang.

Wie es wohl überall auf Schulhöfen zugeht, wimmelten während der Pausen die kleineren und kleinsten Schüler in geräuschvoll bewegtem Spiel durcheinander, indem sie sich über den ganzen Platz verstreuten. Die Großen hingegen, ihr Frühstücksbrot kauend, in Gespräche vertieft oder sich für bevorstehende Aufgaben sammelnd, standen klassenweise in Gruppen beieinander, wobei zumindest die Primaner und Obersekundaner ihre festen Stammplätze behaupteten, welche für die kleineren Jungen von einem unsichtbaren Zaun des Respekts umgeben waren.

Diesen Zaun indessen habe ich kleiner Pöx damals noch nicht empfunden. Wie es dazu kam, weiß ich nicht zu sagen, — jedenfalls gesellte ich mich von Anfang an ohne jede Scheu zu den Primanern, die ihrerseits an meiner Unbekümmertheit offenbar ihr Gaudium hatten, und zwar besonders dann, wenn ich ihnen mit Pathos und Mimik den »Max und Moritz« deklamierte, den ich so ziemlich von vorne bis hinten beherrschte, längst ehe ich lesen konnte. Es muß drollig zu sehen und zu hören gewesen sein, wenn ich mich derart produzierte und dabei im Mittelpunkt des mich umgebenden Kreises würdiger Herren stand. Nach Jahren erfuhr ich durch Ocku, daß dieses Schauspiel auch die Lehrer höchlich amüsiert habe. Der Beifall, den ich erntete, schmeichelte mir nicht wenig, und ich glaube, daß ich mir auch als ziemlich wichtige Figur in der erlauchten Gesellschaft vorkam. — Schüchtern war ich damals nicht; das kam erst später.

Wurde ich in jener Zeit von Ocku oder Anni zu einem Gang in die Stadt mitgenommen und erblickte nur von Ferne eine rote Primanermütze, so stürzte ich sogleich darauf los mit dem Ruf: »Da kommt mein Freund, da kommt mein Freund!« Auch ereignete es sich öfters, daß nachmittags unsere Haustürglocke erklang, weil einer der Primanerfreunde das Fritzchen zum Spaziergang abholte.

Im zweiten Schuljahr erlitt meine Unbefangenheit gegenüber der Schule einen argen Stoß. Es war nicht mehr ausschließlich Herr Poppe, der uns leitete; wir bekamen einen Rechenlehrer, den ich fürchtete. Schon die Zahlen, die er an die Wandtafel schrieb, gefielen mir nicht, sahen sie doch ganz anders aus, als die von Herrn Poppe. Zwar waren auch die Zahlen des neuen Lehrers sorgfältig und regelmäßig gemalt, hatten aber etwas unheimlich Drohendes an sich. Wie rücksichtslos und gemein schob die Vier ihren dicken Hängebauch nach vorn; wie hämisch und geradezu verschlagen krümmte die Fünf den Buckel und hatte anstatt einer hübsch geschwungenen Flamme nur einen brutal wirkenden dicken Balken als oberen Abschluß; wie verfressen sah die eklig fette Null aus; und die bei Herrn Poppe so elegante Zwei stand jetzt plump auf einem Plattfuß! — Nein, die Zahlen an der Tafel gefielen mir durchaus nicht, noch weniger aber mochte ich die Hetzjagd leiden, in der im Kopf mit ihnen umgesprungen wurde. Da machte mein langsames Geistchen nicht mit. Und ging es nicht schnell genug beim Kopfrechnen, so flogen vom Katheder aus nicht nur sehr grobe Worte in die Klasse hinein, sondern oftmals auch der nasse Tafelschwamm, der einem von uns ins Gesicht klatschte. Auch der Rohrstock, der in Herrn Poppes Händen ein zwar seltenes, aber immer als gerecht empfundenes Züchtigungsmittel war, tobte hier sinnlos herum, um das Tempo zu befeuern, — und erreichte doch nur das Gegenteil.

Obgleich ich immer ein schwacher Rechner war und es auch geblieben bin, gehörte ich selber aus mir unerfindlichen Gründen eigentlich nie zu den Opfern, über denen sich der ungeduldige Zorn des Lehrers mit Worten, Rohrstock, nassem Schwamm oder dreckigem Tafellappen unmittelbar entlud. Doch genügte die Behandlung der Mitschüler, um mich jeder Rechenstunde mit wachsender Angst und Grauen entgegensehen zu lassen. Das ging alsbald so weit, daß mich an jedem Tage, der mit einer Rechenstunde begann, schon daheim beim Frühstück eine krankhafte Erregung befiel. Ich konnte nicht essen und nicht trinken, und da ich trotzdem dazu angehalten wurde, kam es meist dahin, daß ich den Becher Kakao wieder herausbrach. Die arme Tante Anni wird viel Kummer mit mir gehabt haben. Dazu kam, daß ich in meiner Aufregung stets die Angst hatte, zu spät zur Schule zu kommen. Keine Versicherung, daß noch reichlich Zeit für den Weg bleibe, konnte mich beruhigen, so daß Ocku, um der Quälerei ein Ende zu machen, schließlich auf den Ausweg verfiel, mich alle Morgen von einem älteren Schüler abholen zu lassen. Auf diese Weise erhielt ich auf dem Wege wenigstens ablenkenden Zuspruch und es wurde verhindert, daß ich entweder in völlig abgehetztem Zustand — und dann meist viel zu früh — oder tatsächlich zu spät zur Schule kam.

Ich glaube, daß das Erlebnis jener unglücklichen, das empfindsame Kind völlig blockierenden Rechenstunden viel dazu beigetragen hat, daß ich in den folgenden beiden Jahren ein fast hoffnungslos schlechter Schüler wurde. Angst, Unlust, mangelnde Konzentrationsfähigkeit und auch Gleichgültigkeit waren an Stelle des freudigen Eifers getreten, mit dem ich die Schulzeit begonnen hatte. Das blieb auch so, nachdem meine Eltern von Worpswede nach Vegesack bei Bremen gezogen waren und ich nun am neuen Ort in andere Schulverhältnisse kam.

Waren in Itzehoe dem Realgymnasium die drei untersten Klassen als sogenannte »Vorschule« angeschlossen, so gab es eine solche Einrichtung nicht in Vegesack; vielmehr führte der Weg zur Sexta dort entweder über die Volksschule, — oder aber über die »Höhere Töchterschule«. Ich wurde in letztere gebracht, wo wir, immer ein Junge und ein Mädchen nebeneinander auf einer Bank saßen.

Im dritten Schuljahr lag das Minimum meiner Leistungen, — abgesehen davon, daß ich mich bis dahin durch allerlei Wippchen zum anerkannten Clown der Klasse gemacht hatte.

Noch heute erinnere ich mich einer entsetzlichen Schreiberei, bei der wir den Satz »Die Tannen tragen die schwere Schneelast« durch alle Zeiten abzuwandeln hatten. —

»Die Tannen trugen die schwere Schneelast.«

»Die Tannen haben die schwere Schneelast getragen.«

»Die Tannen werden die schwere Schneelast tragen.« Und so ging es fort und fort, bis ich am Ende den armen gequälten Bäumen noch den Befehl erteilen mußte: »Tannen, traget die schwere Schneelast!« —

Es war grauenhaft, — nicht nur für die Tannen, sondern auch für den kleinen Jungen, der die bis zum Brechen gebogenen Äste greifbar vor sich sah und ob dieses herzbeklemmenden Anblicks natürlich außerstande war, noch auf etwas derart Nebensächliches wie die Rechtschreibung der sich immer wiederholenden Worte zu achten. — Wahrlich, ich habe das Schicksal der Tannen nicht leicht genommen, — aber eben deshalb wimmelte es von sogenannten »Flüchtigkeitsfehlern« in meinem Schreibwerk.

Ich glaube, daß meine lebhafte Phantasie einen starken Anteil daran hatte, wenn ich nicht in der Lage war, ein Diktat ohne ein Dutzend oder mehr Flüchtigkeitsfehler zu schreiben. Sobald der Lehrer uns einen Satz vorsprach, begann ich sofort, mir das Gehörte zu illustrieren, mir Dinge und Begebenheiten so plastisch vorzustellen, daß ich die Aufmerksamkeit nicht mehr auf die so uninteressante Schreibweise richten konnte. Daß diese mir nichtsdestoweniger gewöhnlich bekannt war, bewies ich zum mindesten in einem mir noch gut erinnerlichen Sonderfall:

Wir hatten ein Diktat geschrieben, in dem ein viereckiger Steinturm vorkam, als welchen ich mir sogleich die Bismarck-Säule bei Itzehoe ausmalte. Deswegen aber und wegen der prächtigen Aussicht über die weiten Wälder, die man von dort oben hatte, strotzte meine Arbeit von Fehlern, — und was noch weit schlimmer war: die hernach angefertigte »Berichtigung« tat es ebenfalls! — Welch lächerliche Einzelheiten doch das Gedächtnis bewahrt: Jener schöne Turm war bei dieser »Berichtigung« als »viereckiger Steiturm« zu Papier gegangen! — Das aber machte das Maß meiner orthographischen Sünden voll und trug mir endlich eine Tracht Prügel mit dem Rohrstock ein. Anstatt diese Strafe jedoch unter mehr oder weniger unterdrückten Tränen in geziemendem Schweigen hinzunehmen, vermaß ich mich nach geschehener Handlung mit noch heißem Sitzgestell dem Lehrer gegenüber aus freien Stücken zu dem kühnen Versprechen, beim nächsten Diktat eine »2« schreiben zu wollen!

Und wahrhaftig, ich habe Wort gehalten, — sicherlich zur großen Verwunderung des Lehrers lieferte ich eine fehlerfreie Arbeit ab und habe sogar eine »1«

erhalten. — »Das Kamel ist das Schiff der Wüste«, so hieß der einleitende Satz jenes denkwürdigen Diktats, bei dem ich es wirklich fertigbrachte, mir *nicht* das Kamel mit seinen Ballen und Höckern, *nicht* den dunkelhäutigen Beduinen, der es führte, *nicht* den brennend heißen Wüstensand und den großen Durst von Mensch und Tier auszumalen, sondern nur Buchstabe an Buchstabe zu setzen mit derselben stupiden Beharrlichkeit, mit der das Kamel seinen Kurs durch die Wüste steuert. —

Soweit mir erinnerlich, habe ich es damals aber bei dieser einmaligen Demonstration meines Könnens bewenden lassen.

Dem Tiefstand der Schulleistungen folgte indessen eine nicht uninteressante Wandlung. Ich glaube, es war kurz nach Weihnachten, als ich einer Erkrankung wegen mehrere Wochen der Schule fernbleiben mußte — oder durfte. In Anbetracht dieses Ausfalls wäre es bei meinen miserablen Leistungen wohl recht unwahrscheinlich gewesen, daß ich zu Ostern »das Ziel der Klasse«, das heißt die Versetzung in die Sexta, erreicht hätte. Aber auch aus anderem Grunde, wie sich nun erst herausstellte, war an eine Versetzung nicht zu denken, da nämlich die Aufnahme in unser Realgymnasium die Vollendung des neunten Lebensjahres voraussetzte. Daran hatte offenbar niemand gedacht, daß Onkel Ocku mich viel zu früh in Herrn Poppes Klasse gesteckt hatte. Daß jetzt in der Tat mein Versagen, mein unernstes, unstetes Verhalten noch mangelnde Reife bewies, schien wohl offenkundig zu sein. Anstatt mich nun aber die Klasse wiederholen zu lassen, nahm mich Vater — ich denke, ein ärztliches Attest wird dabei geholfen haben — einfach aus der Schule und ließ mich fast ein ganzes Jahr in unbeschränkter Freiheit umherwildern.

Es war ein köstliches Jahr! Vater nahm mich häufig zu tüchtigen Märschen mit, wenn er mit seinem Malgerät unsere schöne Gegend durchstreifte, und ich durfte ihm dann die Feldstaffelei tragen. Er machte auch mehrtägige Wanderungen mit mir, die stets voll merkwürdiger Erlebnisse waren. Am farbigsten aber steht in der Erinnerung ein langer Sommeraufenthalt mit den Eltern in der Rhön: Die blumenreichen Bergwiesen, die weiten Hochflächen und runden Kuppen mit herrlichem Buchenwald, die kalten Bäche, die in schattigen Schluchten über vielgestaltige Basaltblökke zu Tal sprangen, — sie alle sind Zeugen glücklichster Kindertage gewesen und haben mich später vor allen andern deutschen Mittelgebirgslandschaften immer wieder in die Rhön gezogen.

Als das grandiose Bummeljahr dem Ende entgegen ging und ich allmählich wieder an die Kandare genommen werden mußte, erhielt ich während zweier oder drei Monate täglich eine Privatstunde. Zu dieser ging ich gerne. Der Lehrer gefiel mir sehr, und ebenso seine beiden ungefähr in meinem Alter befindlichen Töchter, die meist am Unterricht teilnahmen, weil auch ihnen das Aufpolieren und Ergänzen der Kenntnisse nicht schaden mochte; wir lernten, ohne es recht zu merken.

Zu Ostern mußte eine Aufnahmeprüfung für die Sexta abgelegt werden. Und als die ersten Zeugnisse in der neuen Klasse verteilt wurden, stand in dem meinen: »Gesamtprädikat der Leistungen 1«.

Das war allerdings ein sehr merkwürdiger Sprung von einem der schlechtesten Schüler zu einem der besten; er zeigte, wie ungemein förderlich auch ein schulfreies Jahr der kindlichen Entwicklung in diesem Alter sein kann. Doch ist wohl sicher, daß von nicht minderem Einfluß die Persönlichkeit des neuen Lehrers gewesen ist, der uns mit dem Eintritt in die Sexta übernahm. Er hat uns begeistert; ich habe ihn geliebt. — Und als er nicht mehr unser Klassenlehrer war, habe ich auch niemals wieder als Stern erster Größe geglänzt. Im Gegenteil, bis zum Ende der ganzen Schulzeit bin ich ein ausgesprochener Wechselstern gewesen, dessen Helligkeit sehr bedeutende Schwankungen zeigte, und zwar wohl immer derart, daß die Lichtstärke in den einzelnen Fächern von der Neigung und Achtung abhing, die ich jeweils den verschiedenen Lehrern entgegenbrachte. Es waren vortreffliche darunter.

# Wir ziehen von Worpswede nach Bröcken

Während meines ersten Schuljahrs in Itzehoe faßten die Eltern den Entschluß, von Worpswede fortzuziehen. Verschiedene Gründe mögen dazu geführt haben: Das meist recht abgelegene, stille Dorf war durch die Maler berühmt geworden und wurde mehr und mehr von Ausflüglern heimgesucht oder auch von Fremden, die sich für einige Zeit dort festsetzten. Dadurch war vieles vom ursprünglichen Wesen des Ortes verlorengegangen. Zu Hause wie auch in seinem Atelier wurde es für Vater allmählich lästig, sich neugierig-zudringlicher Besucher zu erwehren. Dazu kam, daß man den von Moorniederungen umgebenen Ort der Gesundheit unserer Mutter nicht für zuträglich hielt, nicht zum wenigsten aber wird für das Verlassen Worpswedes auch der Gedanke an die weitere Schulausbildung der Kinder mitgesprochen haben.

Unser Vater erwarb nahe dem Unterweserstädtchen Vegesack in Bröcken — damals nur aus wenigen Häusern bestehend — unter günstigen Bedingungen ein schon älteres Landhaus mit einem sehr großen

Garten, einem Waldstückchen und einer Wiese. Die Lage im Auetal war reizend. Das Haus erhielt nach Vaters Plänen als Anbau nach Norden ein geräumiges Atelier und erfuhr auch im Inneren eine bedeutende Umgestaltung.

Im Sommer 1905 fand der Einzug statt. Wir Kinder wurden aus Itzehoe zurückgeholt. Vater nahm uns am Vegesacker Bahnhof in Empfang; Klein-Gerda, mit einem weißen Plüschjäckchen und ebensolchem Mützchen angetan, wurde in die von unserer getreuen Bertha geschobenen »Sportkarre« gesetzt, und dann begannen wir erwartungsvoll durch das Städtchen, das uns zur neuen Heimat werden sollte, nach Brökken hinaus zu pilgern.

Am Ende des Städtchens kamen wir an eine alte Hufschmiede; dort begann ein sandiger, ausgefahrener Landweg; dort sah man in einiger Entfernung, auf einer Anhöhe liegend, bereits ein Wäldchen vor sich, von dem Vater sagte, es sei unseres; dann ging es über ein Eisenbahngeleis; zur linken Hand lag eine verheißungsvoll interessante Sandgrube, zur Rechten fiel der Hang in den vom Bach durchzogenen Wiesengrund abwärts, und wenige Minuten später nahm uns das kühle Schattendach einer Allee von prächtigen alten Eichen auf: »Das sind *unsere* Eichen«, sagte Vater, »und dort ist das Haus!«

Es lag abgesetzt von der Straße im Garten und schimmerte mit der Giebelfront weiß unter und über den gestutzten Kronen stattlicher Linden hervor. Mutter stand, uns erwartend, auf der erhöhten Veranda; und ehe noch Klein-Gerdas Sportkarre und Vater zum Gartentor eingebogen waren, flog ich schon die Verandatreppe empor in Mutters ausgebreitete Arme.

Seltsam, — bei all der jubelnden Erwartung hatte ich doch wahrgenommen, daß auf den grauen Steinpfosten des schmiedeeisernen Gartentors die Worte »Sechs Linden« als Name des Anwesens gemalt waren und daß die angegebene Zahl auch wirklich der Baumreihe vor der langen Verandafront entsprach. Daß unser Haus einen eigenen Namen besaß, hat mir einen ungeheuren Eindruck gemacht.

Als dann die Begrüßung Klein-Gerdas begann, stürmte ich in Ungeduld schon weiter und betrat durch den Haupteingang den Flur. Es war ein sehr eigenartiger, sehr großer Flur, fast schon eine Halle, doch sah es noch wüst hier aus; zwei Anstreicher, ein bärtiger alter und ein junger, standen auf bekleckerten Leitern und strichen die Wände, während Eimer mit Kalkbrühe und Farbentöpfe sowie tausend Kleckse die großen Sandsteinplatten des Fußbodens bedeckten. Zwischen alledem wand ich mich hindurch und strebte zur hinteren Tür und durch die Waschküche wieder hinaus in den Garten.

Der Garten — er mußte märchenhaft sein nach allen vorausgegangenen Schilderungen. Und er war es! Hinter dem Hause ging es eine aus großen Feldsteinen gefügte Gartentreppe hinauf, prächtige runde Buchsbäume, höher als ich selber, und Fliederbüsche standen zu ihren Seiten. Dann kam der Obstgarten mit Stachelbeeren, roten, weißen und schwarzen Johannisbeeren in unübersehbarer Menge, und über ihnen breiteten viele schöne Apfelbäume die Äste aus. Hinter dem Obstgarten aber begann nach einem dichten Saum von Haseln der Wald, — der eigene Wald! In der Hauptsache bildeten Buchen und Eichen seinen Bestand, doch wuchsen am Rande auch Ulme, Linde, Ahorn und Platane sowie ein herrlicher Walnußbaum und einige Fichten.

In den kühlen Waldschatten eintretend, verhielt ich den Schritt. — Und horch, was war das? — Aus dem grünen Dach da oben ertönte das weiche, dunkle Rucksen der Wildtaube. Und dann antwortete eine zweite: »Nur Du, nur Du, Du Kuh!« Entdecken konnte man sie nicht hinter dem dichten Gezweig, der Ruf schien von einem der höchsten Gipfel zu kommen.

In den Wald eintretend, befand man sich nach wenigen Schritten schon auf einer Lichtung, einem runden Rasenplatz mit hohen Waldgräsern, an dessen Rand aus Findlingssteinen und groben Schlacken eine Art Grotte errichtet worden war. Eine Bank und ein einfach gezimmerter Gartentisch machten sie zu einem freundlichen Sitzplatz.

Doch in Ungeduld strebte ich weiter auf dem Entdeckungszuge und stieß auf einen zweiten runden

Rasenplatz. Hier stand ein sechseckiger Holzpavillon, geräumig genug für die Kaffeetafel einer vielköpfigen Familie, und — o himmlisches Entzücken — links und rechts neben diesem Gartenhaus befand sich je ein kleiner Pavillon mit einem Bänkchen darinnen für die Kinder. Das war ja märchenhaft! — Saß man in einem dieser Häuschen, so ging der Blick über die runde grasige Lichtung, in deren Mitte ein Beet mit üppigen Farnkräutern lag; zur Linken wie zur Rechten wuchs eine prächtige Blutbuche mit so weit heruntergreifender Beastung, daß die Bäume zum Klettern wie geschaffen waren. Das Wunderbarste aber war, wie der Blick vom schattigen Waldplatz aus hinunter in den lichtüberfluteten Blumen- und Gemüsegarten fiel. Wie durch ein mächtiges dunkelgrün umrahmtes Bogenfenster in der dichten Buchen- und Haselwand des Waldrandes sah man den hellen Gartenweg hinunter in lauter Sonne und Rosen. — Und wenn dazu der Kuckuck rief oder am Frühsommermorgen der goldene Vogel Bülow durch den Garten strich — dann war es am allerschönsten!

Aber nun mußten auch die Gartenhäuschen selber näher untersucht werden: Die beiden kleinen waren aus berindeten Eichenstämmchen und Ästen gezimmert und trugen ein kühn geschwungenes, innen braunrot und außen schwarz gestrichenes Zinkdach, das zur Verzierung mit einer großen Kugel, etwa doppelt so groß wie ein Edamer Käse, abschloß. Diese Dächer, als schwieriges und sicherlich nicht ganz billiges Erzeugnis des Klempnerhandwerks, erregten sogleich meine besondere Bewunderung. — Hatten die Kinderhäuschen etwas spielerisch Zierliches, so war der zwischen ihnen liegende große Pavillon um so robuster für häufigen Familiengebrauch gebaut.

Aber weiter, nur weiter drängte es mich, um auf den anmutig gewundenen Wegen den Wald zu erkunden. — Abermals stieß ich auf eine Lichtung; an ihrem Rande lag ein großer, graubrauner Findlingsblock. Er hat später immer wieder meine Phantasie angeregt, denn das haben solche gewaltigen Steine nun einmal so an sich, daß sie uns allerlei Geheimnisvolles aus grauer Vorzeit zuraunen.

Die Lichtung, an welcher der granitene Findling lag, war langgestreckt viereckig und auf der einen Seite von einer Reihe von Fichten begrenzt, welche höher und offenbar älter waren als die meisten Bäume des umgebenden Laubwaldes. — Was mochte es zu bedeuten haben, daß die Fichtenreihe schon früher hier gestanden hatte als der Wald? Auch war es überraschend, auf dieser verwunschen daliegenden Waldwiese mehrere alte Apfel- und Birnenbäume anzutreffen sowie einige Stachelbeer- und Johannisbeersträucher, um die üppig der Kälberkropf mit seinen hohen weißen Dolden wucherte.

Erst viel später habe ich erfahren, daß die Fichten wie die Obstbäume zu einem strohgedeckten Bauernhaus gehörten, das einstmals hier gestanden hatte; doch Näheres über dasselbe und wer es bewohnt hatte, wußte niemand mehr zu sagen. So wob sich um die Waldwiese nicht nur jenes großen Steines wegen die märchenhafte Stimmung des »Es war einmal«, die mich hier gar oft mit leiser Schwermut umfing, zumal dann, wenn die Sonne gerade am freundlichsten ihr Licht durch die Baumkronen auf den blühenden Kälberkropf sprenkelte.

Weiter! — An der Nordwestecke des Waldes, auf dem höchsten Punkt des an einem Geesthang sich hinaufziehenden Geländes stand ein weiteres Gartenhaus; den Eckpavillon nannten wir es später. Sein Fußboden lag auf Pfählen etwas erhöht; ein zerbrochener alter Mühlstein, der in meiner Phantasie ebenfalls das Thema »Vor Zeiten« anschlug, bildete eine der hinaufführenden Stufen, und von dort aus tat sich ein Ausblick von wirklich überwältigender Schönheit auf: Frei über die Felder ging der Blick den sanften Hang hinunter in den weiten Wiesengrund des Auetals. Hier und da in der Ferne aufblitzend, dann wieder durch Erlen und Weidengebüsch längs der Ufer verdeckt, zog sich in mannigfachen Windungen der Bach durch das Tal; schwarzweiße Kühe weideten zu beiden Seiten. Den Horizont aber des Panoramas bildeten bewaldet erscheinende Höhen des jenseitigen Talrandes, an dem verstreut auch etliche rote Dächer sich abzeichneten. Vor allem jedoch war es die ungewöhnliche Form eines sehr hohen roten Daches, das dort, wo der Bachlauf der Aue sich in grüner Ferne verlor, den Blick auf sich zwang: das Schönebecker Schloß; im Abendschein konnte der mächtige alte Backsteinbau wie Feuer brennen. —

Ich lief durch den Wald wieder hinunter in den Obstgarten und weiter über die Rasenflächen mit der Traueresche und den großen Blutbuchen-bis zur Straße. Aber auch dort war das Grundstück noch nicht zu Ende, auch die jenseits der Straße liegende Wiese gehörte dazu, und diese grenzte an die Aue.

Nun, das brauche ich nicht zu sagen, was es für einen Jungen bedeutet, wenn als Neues auf einmal ein Bach in sein Leben tritt, ein eigener Bach gewissermaßen, in dem man Schiffe schwimmen lassen, vielleicht auch selber einmal in einem kleinen Boot fahren kann, an dem sich eine Wassermühle bauen läßt und der zum Baden und jeder herrlichen Dreck- und Wasser-Kleerei Gelegenheit bietet.

Das alles wurde nun zum Paradies unserer Jugendzeit, — nicht ganz so groß, wie es der Kinderphantasie erschien, — mit 700 Schritten konnte man an den Zäunen und Hecken entlang das ganze Anwesen umgehen, — aber groß genug, um in den folgenden Jahren manchmal Tag für Tag rund ein Drittel meiner Klassenkameraden und dazu noch weitere Jungen zum Spielen anzulocken. Gebeten und ungebeten wuchs der Haufe oft auf 20 bis 30 »Mann« an, und die Langmut meiner Eltern, dieser tobenden Bande bei kriegerischem Spiel wie unermeßlichem Obstverzehr nicht gewehrt zu haben, kann ich heute nur bewundern.

# Altertümer

Schon in der Worpsweder Zeit hatten unsere Eltern alte Bauernmöbel und alte Gebrauchsgegenstände gesammelt: Truhen, Schränke, Stühle, Stand- und Wanduhren, Zinngeschirr, Fayencen, Kachelöfen, Wandkacheln und manches andere, was in dem weiträumigen Bröckener Hause erst einen angemessenen Platz fand. — Damals waren solche Dinge noch für wenig Geld auf dem Lande zu haben. — So hatte Mutter einst ein altes »Mangelholz« erstanden, ein Gerät, mit dem die Wäsche geplättet wurde, und dieses war mit so köstlicher Schnitzerei verziert, wie ich dergleichen kaum jemals in einem Museum wieder gesehen habe. »Was wollen Sie denn mit dem Ding«, hatten die Leute gemeint, — »Sie haben doch gewiß eine englische Drehrolle!« — Zinngeschirr: — die schönen alten Krüge, Teller, Schüsseln, Leuchter, wie sie heute zu horrenden Preisen als Antiquitäten angeboten werden, galten damals kaum den Metallwert und wanderten von den Bauern aus meist zum Klempner, da sie im Haushalt längst durch Steingut und Porzellan abgelöst waren. Der Klempner aber goß sein Lötzinn draus. — Was mag da alles an Kostbarkeiten in Regenrinnen unter dem Dach oder unter den Böden zu lötender Kessel und Töpfe ein Ende gefunden haben!

Aus Zinn bestanden aber auch die Farbentuben; und die leeren mit darüber gerolltem Pinselstiel sorgsam ausgequetschten Tuben sammelten sich bei Vater immer rasch in beträchtlicher Menge an. Ging er damit zum Klempner, so war dieser gerne bereit, dafür im gleichen Gewicht altes Zinngeschirr zu geben, ja der Klempner — oder »Blickensläger«, wie sein Beruf auf dem Dorfe hieß — schätzte die Farbentuben ihres reineren Zinnes wegen für seine Zwecke noch höher ein als die »Altertümer«. — Später, als diese Quelle spärlicher floß und endlich versiegte, als die leeren Tuben nicht mehr so vorteilhaft einzutauschen waren, verlegte Vater sich selber auf das Zinngießen. Da sind dann durch seine geschickte Hand Kerzenhalter und Beschläge eines selbstgefertigten Kronleuchters für unsere Eßstube entstanden; er goß auch prächtige Wandleuchter; besonders bewundert aber habe ich immer eine ungemein gewichtige Kassette, die Vater aus alten messingenen Ofentüren gebaut und mit fein gegliederten Zinnbeschlägen versehen hatte. Dieser in seiner Art einzige Metallkasten stand als Schmuckstück auf dem Flur unter dem großen Spiegel und diente der ganzen Familie als Handschuhbehälter.

Dem Spiegel gegenüber stand eine gewaltige Eichentruhe, eine sogenannte Koffertruhe mit hoch gewölbtem Deckel, mächtigen Henkeln an den Seiten und mit kunstvollen schmiedeeisernen Beschlägen, welche mit blattartigen Ornamenten weit ausgreifend Deckel, Vorderfront und Seitenwände zierten. Als kleiner Junge habe ich eben diese Beschläge freilich als sehr lästiges Beiwerk empfunden, verhinderten sie doch, daß man mit reinem Gewissen auf die Truhe klettern und von ihrer hohen Wölbung herunterrutschen konnte. Tat man es dennoch, so gab es allzu leicht Löcher in den Hosenboden, denen Mutter mit merkwürdiger Sicherheit ansehen konnte, woher sie rührten: von den Beschlägen nämlich.

Als die Truhe auf dem Bröckener Flur stand, war ihr rauchbraunes Eichenholz blank poliert, und schön mattschimmernd sah auch ihr kunstvolles Schmiedewerk aus. Doch als sie in Worpswede zuerst in unser Haus kam, war das Holz durch Generationen von verschiedenen Ölfarbenanstrichen verdeckt; auch die Eisenbeschläge waren davon überzogen, ja in den Vertiefungen zwischen den Ornamenten fast ganz von Farbe ausgefüllt. Der langwierige Reinigungsprozeß aber, der die Truhe endlich in ihren späteren Zustand überführte, umfaßt einen inhaltsreichen, glücklichen Abschnitt aus den jungen Ehejahren unserer Eltern in ihrem damals so geselligen Worpsweder Haus.

Was ich davon berichten kann, geht mehr auf die späteren Erzählungen meiner Mutter als auf eigene Erinnerung zurück. Jedenfalls war die Truhe eine Zeitlang der Kristallisationskern einer Art von Geselligkeit, wie sie für das tätige Wesen unserer Eltern ebenso wie für den Worpsweder Freundeskreis bezeichnend war. — Gern und häufig — geladen oder ungeladen — kam man »einfach man so« nach dem Abendbrot zusammen; und geschah das bei uns, so sammelte man sich rings um besagte, entsetzlich mit Farbe verschmierte Truhe herum, die dazu mitten unter die Hängelampe des Hausflurs gerückt wurde. Otto Modersohn und Paul Schroeter, oder »Kilian« und »Ezzo«, wie sie einander seit der Düsseldorfer Akademiezeit nannten, waren mit ihren Frauen die am häufigsten erscheinenden Freunde; andere Maler kamen hinzu, und auch, wenn es nur gelegentliche Gäste waren, blieben sie nicht davor bewahrt, einen Palettenspachtel oder ein Küchenmesser nebst Lappen in die Hand gedrückt zu bekommen, um beim Abkratzen der Farbe zu helfen. Dem stechenden Geruch des die Farbkrusten erweichenden Salmiakgeists hielten Zigarren- und Pfeifenqualm das Gleichgewicht, auch standen wohl etliche Bierflaschen griffbereit auf dem Fußboden, und so durchlief unter guten Gesprächen die Truhe in rückläufiger Entwicklung allmählich die braune, gelbe und grüne Phase ihrer Anstriche, bis das gute Eichenholz zutage trat und nach vieler Mühe auch zwischen den Schnörkeln der geschmiedeten Eisenbeschläge der letzte Rest von Farbe herausgekratzt war.

# Das Monument

Der ältere Bruder unserer Mutter war der Onkel Carl in Walsrode, ebenso wie der Onkel Otto in Aschersleben Besitzer einer Lederfabrik. — Wer Karl heißt, schreibt sich heutzutage meist mit einem K und wird landläufig bei uns ungefähr so ausgesprochen, als ob er kahl wäre. Onkel Carl in Walsrode unterschied sich nun aber von einem gewöhnlichen Karl nicht nur durch das altertümliche C, sondern auch durch das vereinte Bemühen der gesamten Verwandtschaft, ihn vor dem Kahlwerden zu bewahren. Da es aber unserer niederdeutschen Zunge nicht liegt, in diesem Namen ein ordentliches r zum Ausdruck zu bringen, wurde so etwas wie ein »Onkel Kachel« daraus, und zwar um so vollkommener, je mehr man sich Mühe gab, den Namen recht schön und ehrerbietig auszusprechen. Es ist daher wohl verzeihlich, wenn ich als kleiner Junge von diesem Onkel auch den Begriff des Kachelofens ableitete, zumal ein Kachelofen, der in unserem Hause eine besondere Rolle gespielt hat, tatsächlich von Onkel »Kachel« stammte.

In Vaters Briefen an unsere Mutter findet sich vom November 1902 die Mitteilung: »Von Carl habe ich gestern den kleinen blauen Ofen aus der Kutscherstube gegen eine Radierung eingetauscht; es fehlt aber der eiserne Unterofen, so daß er zum Heizen nicht zu brauchen ist.« — Das war also wieder einmal eine der so vorteilhaften Erwerbungen unseres Vaters von dekorativen Altertümern. — Die blau bemalten Ofenkacheln wurden nach Worpswede verfrachtet, doch abgesehen davon, daß der eiserne Unterbau nicht mehr vorhanden war, waren auch die Kacheln selber nicht mehr vollständig genug, als daß man sie in der ursprünglichen Weise wieder hätte aufbauen können. Vater fügte die Stücke daher zu einer anderen, aber sehr glücklichen Gestalt zusammen, wobei zwar kein heizbarer Ofen, aber doch eine ofenartig in den Raum vorspringende Kachelwand entstand, die mit ihrem schönen Blau eine sehr anheimelnde Zierde unserer kleinen »roten Stube« wurde. Auf den niedrigen Zementsockel aber hatte Vater voll Freude über das gelungene Werk, und offenbar die berühmte Ode des Horaz (No. 30,3) parodierend, mit großen Antiqua-Buchstaben in blauer Farbe die Worte gemalt:

SAGACITATE MANU EXEGI MONUMENTUM RUINIS

Vor diesem »Monument«, wie es bei uns hieß, habe ich manchesmal auf einem Heidschnuckenfell gelegen und die Malerei der 15 Kacheln studiert, auf denen vor dem Hintergrund einer bergigen Landschaft und einer zinnenreichen Stadt Szenen mit Jägern und

Hunden geschildert waren und auch ein Nackedei zu sehen war, der eine Weltkugel emporstemmte.

An diesen »Ofen«, der beim Umzug von Worpswede nach Bröcken natürlich mitgenommen wurde, knüpft sich für mich ein geradezu erschütterndes Erlebnis, das mir wohl zum ersten Mal zum Bewußtsein brachte, wie verschieden die Menschen beschaffen sind. — Es war in den ersten Tagen, die wir in dem neuen, noch nicht ganz fertig eingerichteten Hause verbrachten. Hier sollten die schönen blauen Kacheln auf dem großen Hausflur noch sehr viel besser zur Wirkung kommen als in Worpswede. Vater hatte sie an der dazu vorgesehenen Wand bereits provisorisch aufgebaut, um dem Mauermeister zu zeigen, wie er Stück für Stück aneinandergefügt und endgültig aufgemauert haben wollte. Der Mauermeister und sein Geselle — ich stand auch dabei — hörten sich Vaters gründliche Ausführungen und Hinweise, wie vorsichtig man diese unersetzlichen Kacheln behandeln müsse, schweigend an. Und als Vater mit seiner Rede fertig war, stürzte der Mauermeister sich auf das Monument, riß roh die obersten Kacheln herunter und sprach zum Gesellen die geflügelten Worte: »Na, denn man weg mit dem Schiet!«

Heulen hätte ich können vor solcher Respektlosigkeit sowohl meinem Vater wie den Kacheln gegenüber.

# »Weißt du, wieviel Sternlein stehen...?«

Während die Eisenbahn der Küste zueilte, hatte die Abenddämmerung des kurzen Wintertages sich über das flache Land gebreitet. Soweit das Auge reichte, dehnten sich Wiesen zu beiden Seiten des Bahndamms, oft waren sie auch überschwemmt und lagen unter Eis. Alle Farben schwanden allmählich dahin.

Als man den kleinen Hafenort erreichte und den Dampfer bestieg, der zur Insel hinüber fahren sollte, war es vollends dunkel geworden; es war kalt. — Der huschende Lichtbogen eines Leuchtturms strich in kurzen Abständen über den Horizont; auch an anderen Stellen zeigten hier und da sich Lichter und Lichtschein über dem dunklen Wasser.

Der Dampfer legte bald ab. Ein Weilchen noch stand der kleine Junge an Deck und blickte den langsam sich entfernenden Lichtern am Ufer nach, dann folgte er der Mutter den steilen Niedergang zur Kajüte hinunter, wo die meisten Passagiere bereits vor der Kälte Schutz gesucht hatten und im spärlichen Schein einer von der Decke pendelnden Petroleumlampe rings herum auf den Bänken hockten. Koffer und Handgepäck standen in der Mitte auf dem Fußboden.

Der Junge war etwas über acht Jahre alt. Weil man

es seiner Gesundheit für förderlich hielt, nahm ihn die Mutter zu einem längeren Winteraufenthalt an die See mit. In der Kajüte litt es ihn nicht lange; auf dieser seiner ersten Seefahrt trieb es ihn zunächst, die Einrichtung des Schiffes kennenzulernen. Er ging deshalb zur Tür, die an einem Messingring zu öffnen war, und trat in einen engen Vorraum hinaus. Hier aber fand die Schiffsbesichtigung, noch ehe sie begonnen hatte, schon ihr Ende.

Es war dunkel hier. Er stand vor der steil ansteigenden Treppe, und während er zögerte, sie zu betreten, die Augen sich indessen eingewöhnten, sah er an der Treppe empor geradewegs in einen Ausschnitt des Himmels hinein, aus dem ein paar Sterne glänzten. Ein sehr heller Stern war es und einige kleinere, und es wurden ihrer um so mehr, je länger man hinschaute, und um so wunderbarer wurde das von einem schwarzen Rahmen umgrenzte Bild.

Es war kalt hier am Fuß der Treppe, doch von dem eisigen Wind, der oben über das Deck ging, spürte man nicht viel. Nach einer Weile kam die Mutter, um zu sehen, wo der Junge geblieben sei; als er aber versprach, hier stehen bleiben zu wollen und nicht an Deck zu gehen, begab sie sich wieder in die warme Kajüte zurück.

Die Sterne da oben, nun fingen sie an zu wandern und verschwanden einer nach dem andern, indessen neue Lichtpunkte in den dunklen Rahmen eintraten;

doch auch diese zogen langsam vorüber, bis sie nach einer Weile zurückkehrten und schließlich auch wieder der besonders große funkelnd in der Mitte des Bildes stand.

Und dann — der Dampfer mußte in offenes Fahrwasser gelangt sein — begannen die Sterne sich ganz sachte zu wiegen; sie schwangen nach links, sie schwangen im Bogen nach rechts, sie verließen bisweilen das Bild, kehrten wieder zurück, hoben sich auch und senkten sich wieder, ja, sie zogen sogar Schleifen bei ihrem himmlischen Reigen.

Der Junge konnte sich nicht satt sehen; eine Hand am Geländer und sich in den Knien wiegend, wich er fast während der ganzen Überfahrt nicht von seinem Platz am Fuß der steilen Treppe.

Den Reigen der Sterne hat er nie vergessen; nach Jahrzehnten noch, wenn er des zauberhaften Erlebnisses gedachte, verwob sich aber das Bild mit einem anderen, zu dem diese Sterne ihn geleitet hatten, — dem lieblichen Bilde eines kleinen Mädchens.

Ein Kind von sechs Jahren war sie, flachsblond, wie man es in Friesland findet, übermütig bald, wenn ihr der Schalk aus den strahlenden Blauaugen lachte, öfter noch still versonnen und zärtlich, und allerliebst stand ihr die Lücke in der Reihe der Milchzähne.

Als der Junge und das kleine Mädchen einander begegnet waren, gab es bald keinen Tag mehr, an dem die beiden nicht zusammen steckten. Er las ihr aus

»Sigismund Rüstig« vor; er unterwies sie, mit Pinsel und Wasserfarbe umzugehen; sie spielten in den Dünen, und einmal begruben sie trauernd und scheu zusammen eine tote Möwe.

Im Laufe des Winters gab es eine große Kälte. Am Strande türmte die Brandung wild durcheinandergeworfene Eisschollen zu hohen Wällen empor, und viele Tage lang war die Insel von jedem Verkehr mit dem Festland abgeschlossen. — Aber dann kam Schnee, sehr viel Schnee, und mit ihm das Vergnügen des Schlittenfahrens. — Eines Nachmittags, im hellen Sonnenschein, wurden das Mädchen und der Junge selbander in Decken gewickelt und zu den Erwachsenen in einen großen mit Pferden bespannten Klingelschlitten gesetzt. In lustiger Fahrt mit hellem Schellengeläute ging es an den verschneiten Dünen entlang bis zum Leuchtturm, wo in mollig warmer Wirtsstube Tee und Kakao getrunken und Friesenkuchen gegessen wurde. — Erst lange nach Sonnenuntergang wurde die Heimfahrt angetreten. Wieder klingelten die Schellen am Pferdegeschirr. Und wenn nicht zwischen regelmäßigen Pausen der Leuchtturm seinen geisterhaften Lichtarm über die Landschaft schwenkte, dann funkelte um so heller der Sternenhimmel herab. Das kleine Mädchen schmiegte sich an ihren großen Jungen und hörte zu, wie dieser von dem himmlischen Sternenreigen über der dunklen Schiffstreppe erzählte.

Als es gegen den Vorfrühling ging, war der Aufenthalt am Meer zu Ende. Für die Kinder kam der Abschied. — Am Abend vor der Abreise, als der Junge schon im Bette lag, klingelte draußen auf dem Vorplatz das Telefon. Darauf trat die Mutter in die Schlafkammer und sagte: »Deine kleine Freundin will dir noch einmal lebewohl sagen.« — Der Junge schlüpfte im Nachthemd hinaus; erregt und befangen reckte er sich, auf einer rasch ihm zugeschobenen Fußbank stehend, gegen den Sprechtrichter des braunen Kastens an der Wand empor und nahm den Hörer zur Hand.

»Bist Du da, liebes Fritzchen?« erklang ihre etwas veränderte Stimme. — »Ja, ich bin hier.« —

Schweigen auf beiden Seiten. Und dann nach einer Weile: »Leb' wohl!« — »Leb' wohl, glückliche Reise!«

Für den Jungen war dieses das erste Telefongespräch in seinem Leben; den wenigen Worten folgten bittere Tränen auf dem Kopfkissen nach.

Nicht lange nach der Heimkunft erhielt der Junge eine Postkarte, die er heimlich und wie ein Heiligtum verwahrte. Da die Schreibkunst des kleinen Mädchens noch nicht ausgereicht hatte, waren die Zeilen »mit geführter Hand« geschrieben, wie der Nachsatz der älteren Schwester besagte. —

Die Jahre gingen dahin. — Der Junge trug nun schon die Sammetmütze der Sekundaner. Des Abends stand er gern am hohen Ufer des Stroms und sah dem Zuge der Wolken nach, durch deren goldgesäumte Bänke die sinkende Sonne tauchte. Nirgends waren sie geheimnisvoller und schöner als über den weiten Wiesen der Marsch. Und wenn dann die Sonne gesunken war, die langen Wolken aber noch lilaviolett als Märchenschiffe und Fabelwesen in leichtem Rosenschimmer oder auf türkisblauer Seide schwammen — und wenn dann abermals nach einer Weile über der dunkelnden Erde und dem noch schimmernden Strom hier und da ein Stern sich zu entzünden begann, dann gewannen diese Sterne am westlichen Himmel eine seltsam erregende Macht über ihn.

An einem solchen Abend war es, als er jene alte Postkarte wieder hervorholte, welche über zart mit Bleistift gezogenen Linien nicht mehr und nicht weniger enthielt als die mit krakeligen großen Kinderbuchstaben gemalten Worte: »Wie geht es Dir, liebes Fritzchen? Ich bleibe Deine treue ...«

Und jetzt also, an einem Winterabend nach acht Jahren, schrieb der Junge die Antwort auf diese Karte; es wurde sogar ein ziemlich umfangreicher Brief daraus.

Als er einige Tage später aus der Schule kam, empfing ihn die Mutter mit der verwunderten Frage: »Mit wem korrespondierst du denn?« — Sie händigte ihm einen Brief von der Insel aus, mit dem er sich eilig auf sein Zimmer verzog.

Es war ein lieber, erfreuter Brief, der in kindlich-

stakiger Schrift von manchem »Weißt Du noch?« plau-
derte und mit der Bitte schloß, doch recht bald wieder
zu schreiben. —

Wieder geschrieben hat der Junge nicht — warum,
hätte er kaum zu sagen gewußt. — Doch das Briefchen
tat er zusammen mit der ersten Postkarte des Kindes
zu seinen insgeheim gehüteten Schätzen.

Und wieder gingen Jahre dahin. Es kam die Sol-
datenzeit, die bewegte Zeit im Felde und die nicht minder, wenn auch andersartig erlebnisreiche Studenten-
zeit. Aus dem Jungen war ein Doktor geworden. Er
hatte den Sinn an ein schönes, stolzes Mädchen gehängt, doch war er noch in leiser Unsicherheit befangen, ob er im Begriff sei, auch wirklich den rechten
Schritt zu tun. —

Da traf ein Brief seiner Mutter ein. Sie schrieb unter anderem, daß sie vor einigen Tagen den unerwar-
teten Besuch eines Ehepaars von jener Nordseeinsel
erhalten habe. »Dabei hörte ich auch«, so schrieb die
Mutter, »von Deiner einstigen kleinen Gespielin; ihr
Schicksal muß ich Dir berichten. Sie soll ein sehr schönes Mädchen von seltenem Liebreiz geworden sein.
Das Leben schien ihr alles geben zu wollen, was einer
jungen Frau an Glück nur beschieden sein kann. Vor
einigen Jahren hat sie einen Baron und Grundherrn
geheiratet, einen trefflichen Mann, der sie in hinge-
bender Liebe auf Händen getragen haben soll; auch
wurden ihr zwei reizende Kinder geschenkt. Und nun,

vor wenigen Wochen, ist sie auf einer großen Reise mit ihrem Mann im Orient durch einen Autounfall ums Leben gekommen. Die Windschutzscheibe hat ihr den Hals durchschnitten.« —

Wo blieben in der Erschütterung über diese Zeilen alle Gedanken und Wünsche des Herzens um Gegenwärtiges? Sie waren verstummt in dem jungen Doktor für lange Zeit. Die Sterne der Kindertage waren wieder da, die so rein, aber nun in unendlicher Wehmut, auf seinen Weg leuchteten, und sie gaben ihm die Klarheit, daß er im Begriff gewesen war, sich zu verirren.

# Industrielle Unternehmungen

Am täglichen Weg zu meinen Dienstgeschäften
steht ein alter Eßkastanienbaum. Jetzt, es ist Mitte
August, hat er seine abgefallenen männlichen Blüten-
stände über Nacht auf das Pflaster gestreut. Die
schlanken kätzchenförmigen Gebilde, weißlich gelb
und mehr als 20 cm lang, die so aussehen, als könnte
man mit ihnen vortrefflich die Tabakspfeife reinigen,
decken in riesigen Mengen den Boden. Es ist aber gar
nicht so häufig, daß man die im Süden beheimatete
Eßkastanie hier in Schleswig-Holstein angepflanzt findet. Und wenn ich morgens um 10 Minuten vor acht
die Stelle passiere, so muß ich mich wundern, daß im
Gesicht der vorübergehenden Kieler auch nicht die
leiseste Spur von Beachtung des sonst ungewohnten
Straßenteppichs von Pfeifenreinigern zu lesen ist.

Ach nein, — ich wundere mich eigentlich doch nicht;
ich weiß es ja: So sind die Leute heutzutage nun einmal. Aber es ist schade!

Da kommen sie alle pünktlich angewandelt, die täglichen Morgenfiguren, von denen ich zwar nicht weiß,
wie sie heißen, die aber trotzdem einen Geheimnamen
bei mir führen: »die Brillenschlange«, »der energische
Bauinspektor«, »die mit dem Topfhut«, »das ganz

arme Würstchen«, »der freundliche Kommandeur« —
und manche andere. Sie alle streben wie an jedem andern Tag ihrer Dienststelle zu, scheinen gar nicht zu
bemerken, daß ihnen der Himmel heute etwas Besonderes auf den Weg gestreut hat, und treten die Pfeifenreiniger in den Dreck.

Doch ein kleiner Junge steht da, ein niedlicher
Blondkopf in Lederhöschen und besticktem Pferdegeschirr. Er sieht und erlebt noch wirklich das Wunder, welches da über Nacht vom Baum gefallen ist. Er
tut das Natürlichste von der Welt: Aufsammeln, fleißig ins Körbchen sammeln, so viel wie möglich!

Was er mit den merkwürdigen Dingern will? —
Spielen natürlich! — Aber was heißt hier spielen? In
dem kleinen Kerl steckt sicher noch unverbildet der
ursprüngliche Trieb des Menschen, die Erzeugnisse
der Natur auf irgendeine nützliche Verwendung hin
zu prüfen. Die drahtigen, wie mit Pelz besetzten Spin-
deln der Eßkastanie fordern die Phantasie ja geradezu heraus, etwas Besonderes aus ihnen zu machen.
Daß mein kleiner Freund dabei auf Pfeifenreiniger
verfällt, glaube ich zwar nicht — es sei denn, daß sein
Vater solche auf dem Schreibtisch stehen hat. Sehr
wahrscheinlich aber ist, daß der Junge zu Hause eine
großartige Fabrikation von »Kokosmatten«, Läufern
oder Plüschteppichen in Gang setzen wird, — nicht
anders, als ich das vor mehr als einem halben Jahrhundert auch getan habe! — Ich möchte es zusammen

mit dem Jungen am liebsten gleich noch einmal probieren.

Wir hatten damals in Bröcken zwei Eßkastanien-
bäume auf unserer Waldwiese stehen. Daß sie »Eß-
kastanien« hießen, kam mir allerdings etwas über-
trieben vor, denn meist waren in unseren »nördlichen
Breiten« alle drei Früchte des Stachelbechers lederig
taub. Erst als Heidelberger Student habe ich erfahren, was der Baum zu bieten vermag, wenn wir abends
unter guten Freunden auf bullerndem Budenofen die
Maronen rösteten, die wir zuvor in den herbstgolde-
nen Wäldern gesammelt hatten. — Aber wenn nun
auch die Bröckener Kastanien ebensowenig wie die
Kieler zum Essen ergiebig waren, so waren die Blü-
tenkätzchen auf dem Rasen, mit denen ich die Herstellung von »Kokosmatten« betrieb, doch herrlich.
Sie wurden natürlich geflochten, und wenn diese Mat-
ten mit zunehmender Austrocknung auch immer lok-
kerer und spröder wurden, so hielt mich das doch
nicht ab, im nächsten Jahr das Saisongeschäft mit
gleichem Eifer von neuem zu beginnen.

Die industriellen Unternehmungen waren aber keineswegs einseitig. An einigen Stellen unserer Aue, des
Baches im Wiesental, pflegte sich im Frühsommer
eine gewaltige Algenvegetation zu entwickeln. In arm-
langen Strähnen zog die Strömung die an Steinen
haftenden grünen Fäden bachabwärts und ließ die
letzten Enden wie einen Lämmerschwanz hin und her

wedeln. Zog man die triefenden Stränge aus dem Wasser, so verfilzten sie zu einer unentwirrbaren Masse. Das mußte ja, so dachte der kleine Junge, ein wunderbares Material sein, um Lodenstoffe herzustellen! Korbweise habe ich das nasse grüne Zeug nach Hause geschleppt, habe es verflochten und in gleichmäßig dicken Schichten zwischen Brettern gepreßt. Gemessen an der Begeisterung über die Erfindung und am Eifer bei der Einrichtung meiner »Bayerischen Lodenfabrik« ist der Erfolg des Unternehmens groß gewesen. Jedenfalls hat das Ausbleiben eines Absatzes und der Verarbeitung des Lodenstoffs Marke »Cladophora«, den nicht einmal meine Mutter versuchen wollte, das Vergnügen nicht beeinträchtigt. — Cladophora? — Jawohl! Um Algen dieser Gattung muß es sich vornehmlich gehandelt haben, wie mir ein Dutzend Jahre später als Student klar geworden ist. Und da habe ich dann auch erfahren, daß ich meinen famosen Loden gar nicht als erster erfunden habe, sonder daß etwas ganz Ähnliches auch in der freien Natur zustande kommen kann. Wenn nämlich gedüngte Wiesen bis in den Frühling überschwemmt bleiben, dann kann sich auf ihnen bisweilen eine ungeheure Massenvegetation von Algen entwickeln. Sinkt dann schließlich das Wasser und verläuft sich, so bleiben die ganzen verklebten und verfilzten Algen als eine geschlossene und erstaunlich fest werdende Decke über den alten Grashalmen hängen. Beim Austrocknen an der Sonne wird diese Algendecke grau oder weiß wie Papier: ein höchst merkwürdiger Anblick! Man spricht dann von »Meteorpapier« oder »Wiesenleder«.

Ja, Leder! — Das ist nun das Stichwort, das die Erinnerung an ein weiteres Industrieunternehmen der Kinderzeit wachruft, und zwar eines, das mir besonders nahe liegen mußte, denn Mutters Vater war Lederfabrikant, Mutters beide Brüder machten Leder, und zwei ihrer Schwestern blieben ebenfalls dem Handwerk treu, indem sie Lederfabrikanten heirateten. Kein Wunder also, daß eine gewisse lederige Denkart mir schon in die Wiege gelegt worden ist.

Der Lederfabrikant erstand in mir selber immer dann, wenn es mittags Wurst gegeben hatte. — *Was* für Wurst, war mir allerdings nicht »wurst«. Es kam auf die Pelle an! Bratwurst war wenig befriedigend, da die Pelle meist mitgegessen wurde. Grützwurst war besser, noch besser aber jene Wurst, deren Name das Herz jedes alten Bremers höher schlagen läßt und den ich deshalb ohne Scheu in den Mund nehmen darf, — ich meine die berühmte bremische »Pinkelwurst«, die es im Winter zum Braunkohl gab. Dann sah ich bei Tische heimlich von einem Teller zum andern, besorgt, daß auch die Tischgenossen, wie ich selber es tat, möglichst wenig von ihrer Wursthaut zerschnitten. — Welche Befriedigung, wenn die Erwachsenen verständig genug waren, ihre Grütz- oder Pinkelwurst von einem Ende bis zum andern mit der Gabel einfach auszudrücken und die Pelle als Ganzes auf den Tellerrand zu legen! Welch ein Kummer jedoch, wenn ich angesichts töricht zerschnittener Häute als Lohgerber von vornherein meine Felle davonschwimmen sah!

Seltsamerweise ist keinerlei Erinnerung daran geblieben, nach welchem Verfahren die Umwandlung der Wurstpelle in Leder erfolgte oder vielmehr erfolgen sollte. Ich weiß nur, daß ich einmal in wahrer Andacht vor einer wunderschönen Lederfabrik saß, die ich im Sandkasten hinter dem Hause aus lauter umgestülpten Blumentöpfen errichtet hatte. Und weil das Erinnerungsbild sich mit dem eines schönen Frühsommertages mit blühendem Flieder vereint, kann es in diesem Falle nicht Pinkelwurst gewesen sein, die das Rohmaterial lieferte. »Kohl und Pinkel« gibt es nur, nachdem der erste Frost die Braunkohlblätter zart und schmackhaft gemacht hat.

# Dampfmaschinen

Dreimal im Leben hat mir der Weihnachtsmann eine Dampfmaschine beschert. Die erste lief für die Spielgemeinschaft »Vater und Sohn«, die zweite blieb mir allein überlassen, die dritte arbeitete wiederum für »Vater und Sohn«, allerdings mit dem Unterschied, daß ich inzwischen in die Rolle des Vaters aufgerückt war.

Sieben Jahre war ich alt, also eigentlich wohl noch ein wenig zu klein, als die erste Dampfmaschine auf dem Weihnachtstisch stand. Aber das Verlangen meines Vaters nach diesem Spielzeug muß wohl sehr groß gewesen sein, was mir um so wahrscheinlicher ist, als ich meinem eigenen Jungen bereits eine Dampfmaschine zu schenken für nötig fand, als dieser erst sechs Jahre alt war.

Mein erstes Maschinchen war ein Modell mit aufrechtem Kessel aus bläulichem Stahlblech und den üblichen Armaturen als da sind: Dampfpfeife, Sicherheitsventil und Wasserstandsglas. Der mit grünem Blech umhüllte und dadurch viel dicker als er wirklich war aussehende Dampfzylinder war mit Schiebesteuerung versehen, die durch einen Exzenter betätigt wurde. Das braunrot lackierte Schwungrad besaß einen vernickelten Rand und sah zum Verlieben schön aus. Wenn es auch eine der kleinsten Typen war, die in der Maschinenfabrik des Weihnachtsmanns gebaut wurden, so war doch hinsichtlich der Sauberkeit und Solidität der Ausführung keinerlei Makel an ihr zu finden.

Am Weihnachtsabend wurde sie feierlich in Betrieb gesetzt, doch bin ich überzeugt, daß sie in unserm Hause schon vorher mindestens *einen* Probelauf, wenn nicht deren mehrere, hinter sich gebracht hatte, als Vater sie mir vorführte. — Mit einem eigens dafür bestimmten kleinen Trichter und einem Maßbecherchen wurde der Kessel zu Dreiviertel mit Wasser gefüllt. » Wir nehmen Wasser aus der Regentonne, sagte Vater, dann gibt es keinen Kesselstein.« — Dann wurde Spiritus auf das Heizlämpchen gegossen, die Flamme entzündet, — und nun saßen wir erwartungsvoll davor, — Vater und sein kleiner Junge, beide erfüllt vom reinsten Glück solcher Stunde.

Im Kessel fängt es leise an zu summen. Es riecht feierlich nach Spiritus, Tannenbaum und Vaters Weihnachtsbrasilzigarre.

Im Kessel summt und singt es lebhafter. — Ob sie wirklich von alleine laufen wird?

Bald steigt ein ganz dünnes Dampffähnchen aus der geöffneten Pfeife empor; pfeifen tut sie aber noch nicht, sie macht nur einen Ton, als ob man ein Haar ausspucken will, das einem in den Mund gekommen ist.

Vater zeigt mir den Schieberkasten, den Exzenter, die Pleuelstange. — Jetzt hat das Kesselwasser Siedehitze, — unsere gespannte Erwartung aber auch. — Ob sie wirklich laufen wird?

Und nun wollen wir den Hahn der Dampfpfeife schließen und dafür den des Dampfrohrs zum Zylinder öffnen! Hei, wie das Rohr gleich heiß wird! Und die Pleuelstange tut einen ganz kleinen Ruck.

Vater dreht ein wenig am Schwungrad, — igittigitt, wie spuckt die Maschine da, — öliges Wasser schießt aus dem Auspuff; — gut, daß Vater in Vorbedacht ein großes Tablett unter die Maschine gestellt hat, das hätte sonst weit über das schöne Tischtuch gespritzt.

Vater tippt noch einmal an das Schwungrad, — ei, ei, da sitzt schon eigener Wille in dem Ding, es macht eine halbe Umdrehung weiter. Jetzt kommt aber auch richtig Dampf aus dem Auspuff.

Noch mal antippen. —

Das Rad geht herum, — einmal, zweimal, dreimal, — und dann geht's immer schneller, immer schneller. — O, welche Seligkeit, sie läuft, sie läuft. Die Maschine läuft! —

Nein, die läuft ja nicht mehr, die rast ja schon; Kolbenstange, Pleuelstange und Kurbel sind zusammen nur noch eine flimmernde Fläche!

Die Maschine brummt jetzt richtig, sie ist wild geworden und fängt an, über das glatte Tablett zu rutschen, — sie rutscht wie der wutzitternde Blech-schutzmann, wenn er aufgezogen ist. An den Dich-tungsringen der Einfüllschraube, der Dampfpfeife und am Sicherheitsventil quillen Bläschen und Dampf heraus.

Und nun öffnet Vater den Hahn der Dampfpfeife: — O jeh, welch ein Pfeifen, welch ein Piepen! Das ist ja ein entsetzlich hoher Ton, der einem fast weh tut, bei dem man sein eigenes Wort nicht hören kann.

Aber dem Maschinchen tut es wohl, dieses Pfeifen und Dampfablassen, ach ja, das tut gut, — es mäßigt seinen rasenden Lauf und rutscht nicht mehr so blöd-sinnig auf dem Tablett herum, als ob es Lokomotive spielte. — Nun sie ihren fürchterlichen Drang hinaus-gepfiffen hat und ruhiger geworden ist, ist die Ma-schine noch viel schöner anzuschauen. — Und sie soll wirklich mir gehören, — heute und alle Tage?

Aber als wir den Hahn der Dampfpfeife wieder geschlossen haben, dauert es auch nicht lange, bis sie aufs Neue ins Rasen gerät und unter Gebrumm das Herumrutschen auf dem Tablett wieder aufnimmt. Diesmal lassen wir sie rutschen und brummen, bis sie von selber genug hat, bis das Flämmchen des Spiritus-brenners kleiner und kleiner wird, bis Pleuelstange, Kurbel und Schwungradspeichen wieder sichtbar wer-den und schließlich von selber stehen bleiben.

Wer nach der zarten Schönheit des Schmetterlings hascht, dem bleibt gar oft in den Händen nichts anderes zurück als ein zerzaustes Flügelpaar; wer den köstlichen Schätzen der Kindheitserinnerung Worte zu leihen sucht, der muß gewärtig sein, daß der zarteste Duft vergeht, daß er nüchterne kleine Alltäglichkeiten aus Dingen macht, die ihm zuvor als Reichtum im Herzen verschlossen lagen. Es ist schon so: Spannst du dem Falter die Flügel aus für den Schmetterlingskasten, — sein feinster Duft ist dahin, er ist ein Sammlungsgegenstand geworden, — ein Sammlungsgegenstand, zu dem auch die Erinnerung wird, sobald sie auf das Papier gebannt ist. Und obschon du das weißt — nur zu gut weißt —, lockt es dich, den schillernden Falter zu haschen, treibt es dich dennoch in vergeblichem Bemühen, aus zartem Dämmerlicht die Bilder der Erinnerung festzuhalten.

Der frühe Morgen des ersten Weihnachtstages. — Die Eltern mögen wohl noch schlafen; aber der kleine Junge ist schon aus dem Bett geschlüpft und schleicht im Nachthemd und auf bloßen Füßen in die Weihnachtsstube. Ein mattes Dämmerlicht fällt von draußen durch die noch geschlossenen Vorhänge. O, dieser Duft, — der Duft nach Tannenbaum, Ledermöbeln und nach Dampfmaschine! — Nein, es war kein Traum gestern Abend, es war beseligende Wirklichkeit: Dort steht sie! Im grauen Morgenschein schimmert geheimnisvoll der Nickelrand des Schornsteins, der blanke Kranz des Schwungrads, und ein wenig schimmert auch schon des Kessels bläulicher Stahl.

Das ist Geruch aus dem Zauberreiche der Technik, der aus dem Schornstein kommt. Und wenn man am Schwungrad dreht: — ft, ft, macht dann die Maschine, — ft, ft, — fast wie Nachbar Timmermanns Katze »Ohneschwanz«. — Du liebe, du wunderschöne Dampfmaschine!

Dazwischen ein Kringelchen vom Tannenbaum? Gar ein heimlicher Likörkringel? Ein Zuckerkringel? Ein gebackener mit Schokoladenguß? — Nein, ein ganz schokoladener mit bunten Zuckerperlen soll es sein! Köstlich, — ganz langsam raspeln die Schneidezähne rund um den Kringel herum, raspeln ihm die Vorsprünge und Buchten weg, raspeln genießerisch, bis endlich ein schmal gewordener Reif zwischen den Fingern zerbricht und im Munde verschwindet.

Das Tannengezweig vor den bleichen Fenstern, — das Schimmern der gläsernen Kugeln, — wie Sterne vom Himmel blinken die Glanzlichter aus dunklen Tiefen; das silberne und goldene Haar, das die Engel von Zweig zu Zweig gesponnen haben, — das alles ist, wo im schlummernden Hause der Junge ganz allein im Nachthemd davor steht, in dieser Morgenfrühe fast noch wunderbarer als gestern Abend. — O Tannenbaum, o Tannenbaum, jetzt bis du ganz ein Märchenbaum.

Aber nun schlurft es über die Steinfliesen des Hausflurs. Die gute alte Bertha, das Mädchen, tritt zur Tür herein und trägt einen Korb voller Brennholz in beiden Händen, um den großen Kachelofen anzuzünden.

»Aber Junge, du frierst ja, — barfuß und im Nachthemd, — bischa woll nich recht bei Trost, — husch husch wieder ins Bett!«

Nein, das hatte der Junge bisher nicht bemerkt, daß es kalt war, aber nun Bertha es sagt, spürt er es doch ein wenig.

»Nur noch sehen, wie du Feuer machst«, sagt er, — »sing mal: Es wollt ein Mägdlein früh aufstehn!«

Bertha hängt ihm die gestrickte Sofadecke um die Schultern, stellt ihn auf das silbergraue Heidschnukkenfell und fängt mit ihrer schönen tiefen und etwas traurig klingenden Stimme an zu singen. Aber sie singt nicht das Brommelbeerlied, sondern O Tannebaum, o Tannebaum. — Ist auch schön!

Währenddessen bricht sie von einer schwarzbraunen Tafel, die aussieht wie ein riesiges Stück Blockschokolade, einen »Feueranzünder« ab. Darüber macht sie einen kunstvollen Aufbau von trockenen »Sprickern«, sodann von klein gespaltenem Holz und schließlich von gröberen Scheiten. Als dann die gelbroten Flammen durch die dürren Fichtenspricker prasseln, schließt Bertha die Ofentür, gibt dem Jungen einen Klaps hintenvor und sagt: »So, nu aber dalli, dalli wieder ins Bett!«

Der Junge streicht noch mal über das blanke Schwungrad hin, daß die Maschine »ft, ft« macht, — »ft, ft«, wie Timmermanns »Ohneschwanz«. Und Bertha zieht den Fenstervorhang zurück, da spiegelt sich das Morgenrot in den Weihnachtskugeln. —

Die zweite Dampfmaschine erhielt ich als Sextaner im Alter von zehn Jahren. — Während unsere Mutter damals in den Schweizer Bergen von langer Krankheit Heilung suchte, während unser Vater in seinem Bröckener Hause einen einsamen Winter über seine schönsten Bilder malte, befanden wir Kinder, mein vierjähriges Schwesterchen und ich, uns in der Obhut von Ocku und Anni in Itzehoe und erlebten das Weihnachtsfest 1908.

Jene zweite Dampfmaschine hatte zu dieser Zeit schon eine lange Vergangenheit hinter sich. Sie hatte meinem um viele Jahre älteren Vetter Oskar gehört und war so groß und schön, daß ihr Ruf in der ganzen weiteren Familie und damit auch mir seit langem bekannt war, obschon ich sie, die bisher in einer ganz anderen Gegend Deutschlands gelaufen war, noch nie zu Gesicht bekommen hatte. Ich wußte auch, daß Vetter Oskar, der damals schon ein erwachsener Mann war, sie einstmals mir zugedacht hatte, wenn ich groß und verständig genug geworden sei, um alle technischen Einzelheiten würdigen zu können. Daß Vetter Oskar diesen Zeitpunkt jetzt schon für gekommen hielt, dessen war ich ganz ahnungslos und war daher völlig überrascht und überwältigt, als nun die Maschine in Itzehoe auf dem Weihnachtstisch stand.

Wenn bei einem zehnjährigen Jungen mit früh

erwachten technischen Passionen die Empfänglichkeit für eine Dampfmaschine durch äußere Umstände noch einer besonderen Steigerung fähig ist, dann war das entschieden bei mir der Fall gewesen. — Am Wege von unserm Itzehoer Hause ins Innere der Stadt hinein lag ein für den kleinen Ort überraschend großartiges Kaufhaus, an dem ich bei Tage nur schwer, des Abends aber niemals vorüber fand, ohne eine Weile vor ihm hängen zu bleiben. Die Reihe der eleganten elektrisch erleuchteten Schaufenster mit ihren bunten Stoffauslagen, mit Modepuppen albern grinsender Holzherren und zuckersüß lächelnder Damen ließ mich allerdings kühl; was aber unwiderstehlich anzog, war das unscheinbare und dazu noch vergitterte Fensterchen eines kleinen Nebengebäudes, an dem die allermeisten Leute achtlos vorübergingen. Mir aber bot es den Blick in eine Welt der höchsten Wunder, denn da drinnen lief zur Abendzeit, wenn auf der Straße die Gaslaternen brannten, eine Maschine, welche den elektrischen Strom für das große Kaufhaus erzeugte. Elektrisches Licht hatte für mich, der ich von Haus aus nur die Petroleumlampe kannte, als solches schon einen geheimnisvollen Zauber, — und hier konnte man gar sehen, wie es hergestellt wurde. Das heißt, so ganz deutlich sehen konnte man es eigentlich nicht. Durch das halbblinde oft beschlagene Fensterchen, zu dem man sich auf den Zehen stehend und an eisernen Gitterstäben haltend emporreckte, überblickte man nur einen Teil des Raumes, und manches ließ sich nur im ungewissen Dämmer ahnen. Vom Schwungrad einer großen Maschine, dessen Kranz um die flimmernden Speichen frei in der Luft zu schweben schien, lief ein sausender, leicht auf und ab schwingender Riemen zur brummenden Dynamomaschine. An der Wand befand sich, von einer besonderen Lampe beleuchtet und unendlich vornehm aussehend, eine marmorne Schalttafel mit allerlei Hebeln und Meßinstrumenten, deren Zeiger leicht hin und her zitterten. Ein leises Zittern, dazu aber auch ein gröberes Stampfen der Antriebsmaschine ging durch das gesamte kleine Elektrizitätswerk und war wie ein lebendiger Pulsschlag durch das Mauerwerk hindurch von dem kleinen Jungen zu vernehmen, der in der kalten Winterluft draußen an den Gitterstäben hing und sich nicht satt sehen konnte.

Wenn ich heute, wie so manches Mal, an jenes häßliche und längst verschwundene Maschinenhäuschen denke, das dazu noch neben einer noch häßlicheren kleinen »Bedürfnisanstalt« lag, erscheint es mir von einer Poesie sondergleichen umwoben. Es war ja keineswegs nur der Verstand, der sich durch die trübe kleine Fensterscheibe in nimmermüder Betrachtung der technischen Dinge erging. Diese Maschinen waren wie höhere Wesen für mich, denen mit Ehrfurcht das ganze Herz entgegenschlug.

Und nun stand also eine große Dampfmaschine, die

berühmte Maschine des Vetters Oskar, in Itzehoe auf dem Weihnachtstisch.

O Himmel, wie war sie schön und großartig! So etwas von Dampfmaschine hätte ich mir im Traum nicht als mein eigen vorzustellen gewagt.

Es war eine liegende Maschine mit liegendem Kessel und einem großen vernickelten Dampfdom. Was sie aber von allen Maschinen unterschied, die ich bisher bei Spielkameraden und in Schaufenstern gesehen hatte, war die seltene Art der Steuerung. Die war ja ungeheuer interessant! — Von der Achse des Schwungrades wurde die Steuerung durch zwei Kegelzahnräder betätigt, welche eine lange, zum Dampfzylinder führende Welle drehten. Auf dieser Welle saßen zwei Exzenterscheiben und drückten abwechselnd zwei Ventilzapfen in den Steuerungskasten, um ebenso abwechselnd von vorne und von hinten dem Dampf den Weg zum Kolben frei zu geben. Abwechselnd zischte denn auch vorne und hinten der Abdampf aus zwei Auspuffrohren heraus. Das war alles ganz wunderbar ausgedacht.

Als ich aber die Maschine am Weihnachtsabend in Betrieb setzte, wurde meine Begeisterung ein wenig gedämpft. — Die Maschine lief, — jawohl, das tat sie; aber sie lief nur, wenn sie zuvor ein gehöriges Quantum Dampf gesammelt hatte, hielt dann für einige Minuten ein anfangs recht eifriges, dann mäßiges Tempo durch, um sich leider nur zu rasch zu erschöpfen und bald nach einigen letzten nur so hingequälten Umdrehungen des mächtigen Schwungrades stehen zu bleiben. Erst wenn bei abgesperrtem Dampfhahn der Druck soweit wieder gestiegen war, daß es unter allen Dichtungsringen und Kesselarmaturen geradezu beängstigend hervorquoll, lief die Maschine wieder an. Auf die Dauer aber vermochte der Kessel nicht genügend Dampf zu liefern.

Dieser müde Betrieb fiel nun freilich erschütternd ab gegen das wilde Temperament meines früheren kleinen Schnelläufers. Ich hatte geglaubt, der großen Maschine mit ihrem dicken Zylinder allerlei Arbeitsleistung beim Antreiben von sogenannten Modellen zumuten zu können; davon konnte nun keine Rede sein, sie konnte sich ja nicht einmal selber richtig in Betrieb halten.

Ob das zu Vetter Oskars Jugendzeit auch schon so gewesen war? Das kam mir nicht wahrscheinlich vor. — Aber wo steckte der Fehler? — Drehte man bei abgesperrtem Dampfhahn das Schwungrad, so bewegte sich alles, was sich bewegen sollte, spielend leicht; an zu großer Reibung oder mangelnder Ölung lag die Sache also gewiß nicht.

Bestand vielleicht ein Mißverhältnis zwischen der Größe der Kesselanlage und der des Zylinders? Dann hätte schon Vetter Oskar an solcher Fehlkonstruktion leiden müssen.

Lag eine verkehrte Einstellung der Ventilsteuerung

vor? Ich war technisch schon verständig genug, um daraufhin den Gang der Maschine kritisch beobachten zu können, vermochte aber nichts Verdächtiges zu entdecken.

Nun wohnte in unserer Straße einige Häuser weiter hinauf eine Familie, mit deren Kindern ich zu spielen pflegte und bei der, wie ich erfahren hatte, am Weihnachtsabend ein Onkel als Besuch weilen würde, welcher von Beruf Maschinenbauer war. Dieser mir freilich ganz unbekannte Onkel fiel mir jetzt ein, und nach Ockus bereitwilliger Vermittlung kam er wirklich noch am gleichen Abend zu uns herüber, um meine Maschine zu betrachten. Das schmeichelte mir nicht wenig: Selbst ein wirklicher Maschinenbauingenieur nahm die Angelegenheit für ernst! Mit solch würdigem Ernst ließ er sich denn auch auf einem Stuhl vor der Maschine nieder, zündete bedächtig eine von Ockus Weihnachtszigarren an und setzte die Brille auf die Nase. Das erste Ergebnis der eingehenden Betrachtung war, daß es wirklich eine sehr schöne und wegen ihrer ungewöhnlichen Steuerung ausnehmend interessante Maschine war. Aber wenn ich gemeint hatte, er würde den Fehler nun aufdecken oder die Maschine würde sich unter den Augen eines so bedeutenden Fachmannes schämen und anderen Sinnes werden, so sah ich mich wiederum enttäuscht. Der Onkel Maschinenbauer wußte schließlich auch nur die gleichen Versuche mit ihr anzustellen, wie ich selber,

— sagte, daß er ohne entsprechendes Werkzeug nichts weiter unternehmen könne, weil man den Zylinder und den Steuerungskasten öffnen müsse und zog, nicht ohne nochmals versichert zu haben, daß ich da aber eine wirklich ganz besonders feine Maschine bekommen habe, wieder ab.

So wohl mir dieses Gutachten auch tat, nagte doch weiterhin der Wurm in meinem Herzen. Da meinte Ocku, er wisse einen Mann in Sude, einen seiner früheren Schüler — Ocku hatte bei den ungewöhnlichsten Vorkommnissen immer als Spezialisten einen früheren Schüler zur Hand —, der würde bestimmt helfen können. In Französisch, wie in den Sprachen überhaupt, sei er zwar schwach gewesen, dafür aber überragend in Physik und geradezu genial in allen Dingen der Technik, ja er sei ein so pfiffiger Bastler, daß er sich in seiner kleinen Werkstatt sogar ein gewöhnliches Fahrrad zu einem Motorrad umgebaut habe. — Das klang sehr vielversprechend. Schon am Nachmittag des zweiten Weihnachtstages pilgerten Ocku und ich, abwechselnd die gar nicht so leichte Maschine in ihrem Holzkasten tragend, durch die ganze Länge der verschneiten Stadt nach Sude hinaus. Und richtig, wir trafen Ockus früheren Schüler trotz des Feiertags über Blecharbeiten lötend in seiner Werkstatt an. Er ließ alles stehen und liegen und sah sich meinen Patienten an. Das sei ja ein ganz seltenes und interessantes Modell, meinte er, und es mache ihm selber solchen Spaß, daß er es bis morgen Abend schon wieder in Ordnung bringen wolle. Eigentlich kaputt scheine ja nichts zu sein, nur müsse die Steuerung vielleicht etwas anders eingestellt werden, — aber das würde er schon kriegen!

Ich konnte kaum den nächsten Abend erwarten. Als wir dann endlich die Werkstatt wieder betraten, kamen wir gerade rechtzeitig, um die Maschine in einem mäßigen Tempo vor sich hin puffen zu sehen, aber dieses Tempo schien sie auch einigermaßen durchhalten zu können. — Und wie hatte der kluge Mann das zuwege gebracht? — Ich nehme an, daß er sich zunächst mit der Steuerung, mit den Exzenterscheiben und Ventilbolzen ohne Erfolg herumgeschlagen hatte, dann aber ein Kolumbusei aufstellte, indem er unter dem Kessel zu den zwei vorhandenen Spiritusflammen einfach noch eine dritte anbrachte. — Das war also sozusagen Anwendung von Gewalt, wie es ja in der Natur des Kolumbuseis liegt; aber solch eine brutale Lösung gefiel mir nun ganz und gar nicht, — damit war das eigentliche Übel nur verschleiert, keineswegs aber behoben, und der Erfolg war auch insofern nur ein sehr mäßiger, als die Maschine sich jetzt zwar unter äußerster Anstrengung selber hinschleppte, aber doch keinerlei Kraftreserven behielt, um darüber hinaus auch einige Arbeit leisten zu können.

Wie gequält die ganze Geschichte war, sah man schon daran, daß die Flammen bei übergebührlich weit herausgezogenen Dochten zu beiden Seiten des Kesselhauses herausleckten und den schönen Lack bereits weidlich verschmort hatten, — traurig, traurig war das, wie man den kranken alten Gaul durch rohe Peitschenschläge zum Laufen gezwungen hatte. Und dabei wagte ich doch keinerlei Kritik zu äußern und mußte mit wehem Herzen meinen Dank für die »Reparatur« hervorstottern.

Eines konnte meine Maschine allerdings prächtig: Schweinerei machen! Sie besaß am Kessel einen Wasserablaßhahn; wenn man ihn öffnete, zischte sie einen meterlangen Dampfstrahl in die Gegend, und in dem Maße, wie der Druck allmählich nachließ, ging der Dampf in einen nicht minder imposanten Wasserstrahl über, den ich mit Vergnügen laut in einen vorgehaltenen Eimer strüllen ließ. An dieser Leistung wenigstens, die einen Überschuß an Energie immerhin vortäuschte, empfand ich Befriedigung, und sie machte nicht nur jedem anderen Jungen, dem ich sie vorführte, Eindruck, sondern selbst meinem Vater, der uns in Itzehoe zwischen Weihnachten und Neujahr besuchte.

Die Bemühungen um die Gesundheit der Dampfmaschine ruhten indessen nicht; sie fanden ihre Fortsetzung, als wir später wieder in unserm Landhaus bei Bremen wohnten und gingen mehrere Jahre hindurch, ohne daß ich die Hoffnung ganz aufgegeben hätte.

Zunächst versuchte ich es mit einem Fahrrad- und Nähmaschinenhändler, der als höhere Kunst zugleich die Reparatur der damals noch geheimnisumwobenen Motorräder, ja selbst von Automobilen betrieb. — Er war ohne Frage ein vielseitiger Mann, wie man ihn in früheren Zeiten wohl als »Mechanikus« bezeichnet hätte. Im übrigen war er fast taub und streckte einem etwas entgegen, was wie ein schwarzes Tuthorn aussah, in das man aber vom falschen Ende hineintrompeten mußte. Dieses Hörrohr gab ihm in meinen Augen einen besonders gelehrten Anstrich, einen doktorartigen Nimbus, und ich hatte wohl die Empfindung, daß er mit diesem interessanten Instrument, wie der Arzt mit seinem Hörrohr, auch die Gebrechen der ihm anvertrauten Patienten, also auch meiner Maschine, um so besser würde ergründen können. Freilich merkte ich bald, daß er von der langen Krankengeschichte meines Sorgenkindes, so laut ich sie auch in den schwarzen Trichter schrie, so gut wie nichts verstand und keineswegs erfaßte, daß es sich hier um einen sehr komplizierten Fall handele. Denn anders hätte er kaum mit solch überheblicher Sicherheit den Erfolg seiner Kur im voraus versprechen können. Diese Sicherheit machte mich nach den bisherigen Erfahrungen doch ein wenig mißtrauisch, — und zwar mit Recht, wie sich herausstellte.

Der alte Mechanikus griff das Übel zwar nicht wie sein Vorgänger an den Spiritusflammen, sondern wirklich am kritischen Punkt an, denn als ich nach mühsam bezähmter Ungeduld einige Tage später wiederkam, hatte er die beiden Exzenterscheiben der Steuerung in ihrer Stellung zueinander ein wenig versetzt. Das sah vielversprechend aus; nur daß er die Scheiben mit den groben Lötspuren eines Kesselflikkers wieder aufgesetzt hatte, beleidigte mich ein wenig, doch gedachte ich diesen Schönheitsfehler selber mit der Feile zu beseitigen.

Die Maschine sei nun in Ordnung, sagte der Mechanikus, und es koste drei Mark, — so ziemlich alles, was ich besaß.

Die Maschine lief auch, — und zwar ein wenig schlechter, als sie es vorher getan hatte. Und von nun an begab ich mich selber an die Kurpfuscherei; ich feilte an den Exzenterscheiben herum, ich feilte an den Ventilbolzen, ich versetzte den Ansatzpunkt der Pleuelstange auf der Kolbenstange, ich veränderte die Stellung der Kegelräder und erreichte unter zahlreichen Variationen bald einen schlechteren, bald einen besseren Lauf der Maschine, aber niemals den Nutzeffekt, daß sie auch das bescheidenste Modell hätte antreiben können.

Über solchen von Zeit zu Zeit wiederholten Versuchen wurde ich einige Jahre älter, bis eines Tages Tante Pauline aus Aschersleben zum Besuch erschien. Tante Pauline war gewissermaßen die Stammutter der Dampfmaschine. In ihrem Hause hatte mein Vetter und ihr Neffe Oskar einen großen Teil seiner Schülerzeit verbracht, dort hatte er mit der Dampfmaschine gespielt, und dort hatte er diese auch von Tante Pauline und dem zugehörigen Onkel Otto geschenkt bekommen. Ferner war es auch Tante Pauline gewesen, die laut Oskars Bestimmung die Maschine zu gegebener Zeit an den nächstfolgenden Neffen, das heißt an mich, weitergeleitet hatte.

Als nun Tante Pauline bei uns war, ergab es sich bald, daß sie auf die Maschine zu sprechen kam, während wir an einem schönen Sommernachmittag auf unserer Veranda am Kaffeetisch saßen. Es fiel mir nicht ganz leicht, neben meiner Begeisterung zugleich auch wahrheitsgemäß von den enttäuschenden Erlebnissen zu berichten, die ich mit dem nobelen Geschenk gehabt hatte.

»Nein, wie leid mir das tut, rief da Tante Pauline in ihrer lebhaften Art aus, — nein, das tut mir aber doch gar zu leid, daß der Junge die Dampfmaschine nicht in tadellosem Zustand bekommen hat! Das muß aber noch in Ordnung gebracht werden, — das würde auch Onkel Otto nicht anders wollen; — weißt Du, mein Junge, das schenke ich Dir, daß die Maschine nun aber endlich ganz und gar heil gemacht wird!«

Liebe, fröhliche Tante Pauline, — wer konnte Deinem hinreißenden Optimismus widerstehen! Wenn Du kamst mit Deinen strahlenden Augen, dem schönen schneeweißen Haar und bis ins hohe Alter jugendlichem Herzen, dann schien immer die Sonne und ließ alle Bedenklichkeiten dahinschmelzen. Und solche Bedenken hätte ich viele gehabt bei jedem anderen, der mir noch eine Reparatur der Maschine in Aussicht gestellt hätte, und seien es Mechanici und Maschinenbauingenieure gewesen. Aber vor Tante Pauline, die doch ganz gewiß nichts von der Sache verstand, erschien mit einem Schlage alles wieder möglich, — und zwar möglich nach einem rasch gefaßten und so kühnen Plan, wie ich ihn nie zuvor erwogen hatte. Er mußte einem völligen Umbau der Maschine gleichkommen: Fort mit der wunderlichen und nun einmal verunglückten Ventilsteuerung, — fort mit den beiden vielbefeilten Exzenterscheiben und den Kegelrädern, — so etwas hatte man ja auch heutzutage gar nicht mehr, — die Maschine mußte einen ganz neuen Zylinder, und zwar mit Schiebesteuerung bekommen! Das war die wahre Lösung!

Ich besaß einen jener reichbebilderten und gefährlichen Kataloge, mit denen die Spielzeugfabriken unter dem Deckmantel wissenschaftlicher Belehrung die Begehrlichkeit eines Jungen in raffinierter Weise großzuziehen verstehen. Diesen dickleibigen Katalog, der auch einen besonderen Abschnitt über Einzelteile von Dampfmaschinen enthielt, wußte ich fast auswendig (ich habe ihn auch jetzt noch recht genau im Gedächtnis!) und konnte Tante Pauline aus dem Handgelenk den Wunsch nach dem Zylinder Numero soundso mit einer Bohrung von soundso viel Millimetern vorbringen, wenn ich auch den Preis nur stockend und errötend herausbrachte.

»Schön, mein Junge, diesen Zylinder schenke ich Dir«, sagte aber Tante Pauline an diesem sonnigen Sommernachmittag, — »und hier hast Du gleich das Geld!« Es war eine großzügig nach oben abgerundete Summe.

Tante Pauline reiste wieder ab. Und bei mir begann nun ein gründliches Überlegen und Prüfen, und dieses endete nach qualvollen Tagen schließlich mit der Erkenntnis, daß ich außer dem Zylinder nun ja auch eine neue Achse für das Schwungrad, neue Lagerböcke und eine neue Kurbel haben müsse, und daß ich dann doch wohl kaum imstande sein würde, dieses alles exakt genug mit eigenen Mitteln zu montieren. Ich resignierte. Zu der Hilfe des alten Mechanicus hatte ich das Zutrauen verloren. So kam es, daß die großherzige Stiftung Tante Paulinens zu einem ganz anderen Ergebnis als dem ursprünglich beabsichtigten führte, nämlich zu einem Flugzeugmodell, wie es damals gerade in Aufnahme gekommen war und das ich mir nach dem nämlichen Katalog bestellte. Die Aera der Dampfmaschine fand damit ihren vorläufigen Abschluß und erlebte eine neue herrliche Blüte erst wieder — diesmal in Gestalt einer neuen Maschine und stehendem Kessel —, als ich selber einen kleinen Jungen hatte. Oskars kranke Maschine aber ist in den Wirren des Krieges verloren gegangen. —

Die Geschichte ist aber noch nicht zu Ende! Das vorstehend Geschriebene lag bereits mehrere Jahre in meinem Schreibtisch, als ich zur Weihnachtszeit ein Brieflein vom Vetter Oskar erhielt: Einen Gruß zum Fest und zum Jahreswechsel mit Kurzbericht über sein und seiner Familie Ergehen. Oskar und ich pflegten einander sonst kaum zu schreiben, und die wenigen Male, die wir uns seit jungen Jahren gesehen hatten, ließen sich an den Fingern einer Hand aufzählen. Nun aber waren wir alt geworden, der Vetter noch um etliches mehr als ich. Aus der Generation der Eltern, der Onkel und Tanten haben alle seit langem die Augen geschlossen, und auch der Kreis der eigenen Vettern und Basen ist schon sehr klein geworden. Da fühlt der Mensch das Bedürfnis, die wenigen Fäden nicht abreißen zu lassen, welche die noch lebenden untereinander in gemeinsamen Gedanken an die Dahingegangenen verknüpfen. Vetter Oskars unerwarteter und aus solchem Empfinden geschriebener Gruß war mir daher eine besondere Freude und veranlaßte mich, ihm die Niederschrift meiner Erinnerungen an seine alte Dampfmaschine zu schicken.

Das Echo auf diese Sendung kam bald und ließ keinen Zweifel, daß es mir gelungen war, ihm eine Freude zu machen. Über die Dampfmaschine schrieb er, daß sie im Prinzip das Abbild der Maschine in seines Vaters Lederfabrik gewesen sei, die eben dieselbe Ventilsteuerung besessen habe. Daß aber bei mir die

Maschine nur mangelhaft funktionierte, habe er mit Überraschung und Bedauern gelesen; zu seiner eigenen Schülerzeit sei sie jedenfalls tadellos gelaufen und habe ohne Schwierigkeit mehrere »Modelle« gleichzeitig antreiben können.

Im übrigen mußte Oskar die Bemühungen der Mechanici in Itzehoe und Vegesack kritisch studiert haben, denn sein Urteil — und dieses war nun für mich wahrhaft erschütternd — lautete: »Es kann eigentlich nur die Dampfzuleitung verstopft gewesen sein.«

Da saß ich nun, ich alter Knabe; ich hätte mich ohrfeigen mögen! Die Dampfzuleitung, — natürlich hatte es an der Dampfleitung gelegen; auf diesen simplen Gedanken hätte ich doch selber kommen müssen! Und wenn schon meine eigene Logik nicht bis zur Diagnose einer einfachen Verstopfung gereicht hatte, — warum hatte ich Esel dann nicht vor einem halben Jahrhundert bereits an den großen Vetter Oskar um Rat geschrieben? — Wie leicht wäre der Fehler abzustellen gewesen! Statt dessen habe ich einen Patienten, der gewissermaßen nur eines Löffels Rizinus bedurft hätte, den fragwürdigsten und gefährlichsten chirurgischen Operationen ausgesetzt. Schauderhaft, wenn ich an das Feilen an den Exzenterscheiben und Ventilbolzen, den Herzklappen des Mechanismus denke, während schlimmstenfalls die Anbringung eines neuen Dampfrohres alles behoben hätte! — Zu spät, — die Einsicht kam zu spät.

# Der Dampfer »Holger«

In den Jahren der immer wiederholten Bemühungen um die Maschine Vetter Oskars besaß ich auch einen Dampfer, — nicht mit Uhrwerk zum Aufziehen, wie man einen solchen in der Spielwarenhandlung unseres Weserstädtchens im Schaufenster sah, sondern mit einer richtigen Dampfmaschine. Sein Vorbesitzer war ein um etliche Jahre älterer Junge gewesen, der sonntags schon lange Hosen trug und Holger hieß. Ich schwärmte für ihn und fühlte mich durch seinen Umgang hochgeehrt. Das heißt, von »Umgang« konnte eigentlich nicht groß die Rede sein, ich durfte ihn aber gelegentlich besuchen und seine Spielsachen bestaunen, mit denen er als einziges Kind geradezu überschüttet worden war. Eine Eisenbahn hatte Holger, — so etwas gab es weit und breit nicht wieder! Und eine Dampfmaschine! Dagegen mußte selbst die von Oskar verblassen, denn abgesehen davon, daß sie noch größer war, einen dickeren Zylinder, eine modernere Steuerung, einen Dampfregulator sowie eine Kesselspeisepumpe besaß, trieb sie auch einen Dynamo an und konnte Elektrizität machen.

Holger selber war diesen Herrlichkeiten wohl schon etwas entwachsen oder sah jedenfalls keine Veranlassung, sie mir im Betrieb vorzuführen. Dafür war ich ihm nicht wichtig genug. Aber er ließ es geschehen, daß ich seine technischen Wunder sozusagen in kaltem Zustand besah und befühlte, wie ich es auch an einem unvergeßlichen Ferienmorgen tat, als er selber damit beschäftigt war, aus einem Druckkasten den Text des schönen Liedes zu setzen:

Ach, mein Schatz ist durchgegangen, larida;
Erst wollt ich ihn wiederfangen, larida,
Doch dann hab ich mich besonnen, larida,
Manch verloren ist gewonnen, larida!

Das setzte er aber nicht mit den Gummitypen einer kleinen Kinderdruckerei — bewahre —, Holger hatte einen Setzkasten mit richtigen Stahllettern, auch wurde der Satz durch eine wirkliche kleine Druckerpresse gedreht. Und dazu sang er:

Drum mein Herze sei zufrieden, larida,
Viele Hasen gibts hienieden, larida,
Ist der eine dir entlaufen, larida.
Kannst du dir n'en andern kaufen, larida!
Einen schönen weichen weißen, larida,
Schnucki-Mucki soll er heißen, larida,
O, wie hüpft das Herz mir schnelle, larida,
Springt er über meine Schwelle, larida!

Dieser letzte Vers gefiel allerdings auch mir über die Maßen gut, denn für Kaninchen hatte ich viel übrig. Und meiner offenkundigen Begeisterung für das Lied, das Holger dann mit mir zusammen sang, habe ich wohl die günstige Erwerbung seines Dampfers zu danken.

Ich entdeckte ihn im Spielzeugschrank hinter allerlei Schrummel, holte ihn heraus und besah ihn prüfend von allen Seiten. — Sieh mal an, — das gibt's also auch! — Ungefähr 40 cm war das Schiff lang, besaß einen grün gestrichenen Rumpf aus Zinkblech, wie die Stellen abgesprungener Farbe erkennen ließen; mittschiffs befand sich ein liegender Messingkessel mit Schornstein, und — Donnerwetter! — der Antrieb erfolgte durch einen oszillierenden Zylinder, der unmittelbar auf die mit einem nur kleinen Schwungrad versehene Welle wirkte.

Das möcht' ich mal in Betrieb sehen! — Ein Deck fehlte; vor wie hinter dem Kessel war der Rumpf offen. Eigentlich sah das Ganze mehr nach einer handwerklichen Liebhaberanfertigung aus, als nach einem Produkt der Spielzeugindustrie.

»Ach, mein Herze sei zufrieden, larida.«

Also das war nun ein oszillierender Zylinder! Wieder ganz anders, als bei meinem ersten Maschinchen mit Schiebesteuerung und bei der Ventilsteuerung Vetter Oskars. — Oszillierende Zylinder hatte ich bisher nur im Großen gesehen, nämlich bei den Raddampfern »Forelle« und »Hecht« auf der Weser. Auf diesen Weserdampfern bewegten sich die Zylinder mit bedächtiger Langsamkeit, bei Holgers Schraubendampfer mußte der Zylinder aber ja wohl ungeheuer

rasch hin und her schwingen, wenn die Schraube wir-
ken sollte.

»Tut er auch«, sagte Holger auf meine Frage; und
dann, als er mein gebanntes Interesse bemerkte, warf
er von seiner Druckerpresse aus mit einer Kopfbewe-
gung auf den Dampfer das große Wort hin: »Kannste
haben, — für zwei Mark kannst'n mitnehmen!«

    O, wie hüpft das Herz mir schnelle, larida,
    Springt er über meine Schwelle, larida!

Die zwei Mark hatte ich natürlich nicht zur Hand;
aber am folgenden Sonntag, nachdem ich meine Spar-
büchse geplündert und noch ein paar Groschen von
Mutter dazu erbettelt hatte, konnte ich den Dampfer
nach Hause holen und sofort ausprobieren.

Das geschah auf der Aue, dem Bächlein, das an unserer Wiese entlang floß. Es war an den meisten Stellen nur gegen zwei bis drei Meter breit und bei ge-
wöhnlichem Wasserstand so seicht, daß man mit auf-
gekrempelten Hosen fast überall darin herumwaten
konnte. — Aber was macht nicht die Phantasie aus
solch einem Wässerchen, wenn man mit einem Dampfer spielt! — Zu einem Strom wurde es, zu einem
mächtig breiten und unerforschten, auf dessen Sand-
bänken, halb im Wasser, sich träge Alligatoren
sonnten, dessen Ufer undurchdringliche Urwälder um-
säumten, die hin und wieder nur zurückwichen, um
an einer stillen Bucht die Lichtung einer kleinen In-
dianersiedlung freizugeben. Und wie bestaunten und

beargwöhnten die Bewohner das Schiff des weißen Mannes mit der dampfenden Zaubermaschine!

Der kleine Flußdampfer »Holger« mit den Naturforschern an Bord lag zwischen Pfählen vertäut am Ufer. Er machte Dampf auf, das züngelnde Spiritusflämmchen brannte. Und bald begann es im Kessel zu summen und zu singen, es quoll am Sicherheitsventil hervor, es tat einen kleinen Ruck am Zylinder. Endlich wurde das Schwungrad angeworfen, und wieder machte es »ft, ft« wie Timmermanns selige Katze Ohneschwanz, während öliges Wasser aus dem Auspuff schoß. — Ja, und dann lief die Maschine.

»Leinen los!« — Ein letzter Gruß vom Lande: »Lebt wohl, Ihr heldenmütigen Gelehrten, — unsere glühendsten Wünsche begleiten Euch!«

Dann wandte sich der Bug langsam gegen die gewaltige Wasserfläche, und »ft, ft, ft«, ging es mit stoßweisem Dampfstrahl aus dem Auspuff auf den Amazonas hinaus, großen Entdeckungen und Abenteuern entgegen, — bis anderthalb Minuten später die »Holger« drüben im Schilf festsaß.

Dieser Start galt also noch nicht; — das Schiff wurde mit ein paar Patschern in den Bach an seinen Ausgangspunkt zurückgeholt. Es ließ sich ja vom Lande aus nicht steuern, und leider schenkte auch die Besatzung der Navigation nicht die gebührende Aufmerksamkeit.

Wieder hieß es: »Leinen los, — langsam vorrut!«

und mit der Wiederholung der mir so ungeheuer imponierenden Formel, die ich in einem Buch über Andrés Ballonfahrt zum Nordpol gelesen hatte: »Lebt wohl, Ihr heldenmütigen Gelehrten, — unsere glühendsten Wünsche begleiten Euch!« erfolgte eine neue Verabschiedung. Und »ft, ft, ft, ft« dampfte das Schifflein mit ungemein zartem Wellengekräusel vor dem Bug davon.

Jetzt stellte es sich genau gegen die Strömung, doch so schwach diese auch war, die »Holger« kam kaum dagegen auf und trat fast auf der Stelle. Da kam ein Stock dahergetrieben; »Ruder hart backbord!« schrie der Kapitän. Aber der Zusammenstoß mit dem entwurzelten Urwaldriesen war nicht mehr zu vermeiden; er stieß  gegen den Bug, drehte das Schiff herum, das nun in rascher Fahrt mit der Strömung den Amazonas hinunterschoß. Diesmal bewältigte es die kolossale Strecke von mindestens vierzig Metern ohne Unfall, bis es wieder im Gehälm des Ufers festsaß.

Es waren viele glückliche Stunden mit dem Dampfer »Holger« an der Aue. Ich habe ihn auch verbessert und verschönert so weit es nur anging. Er wurde neu »gemalen« — so sagt ja der Seemann statt gemalt oder gestrichen —, er erhielt auch ein Deck mit einer Reeling, obschon er durch diese Belastung sehr tief im Wasser lag, und stets wurde der Messingkessel blitzeblank gehalten.

Natürlich blieb mein Dampfer auch den Jungen der Nachbarschaft nicht unbekannt. Manchmal hatte ich ungerufen eine ganze Horde um mich, die mitspielen wollte, — nicht immer zu meinem Entzücken, wenn ihre Phantasie nicht mit der meinen harmonieren wollte, oder wenn bei einem Seegefecht die »Holger« mit Dreckkluten beschossen wurde, bis sie zischend unterging.

Unter diesen Jungen war einer, über den die öffentliche Meinung ziemlich einhellig war: »Das is'n ganzen Buhmann ist das!« Er war jünger als ich, hatte aber schon eine reichliche Menge nachgewiesener Untaten auf seinem Kerbhölzchen. Sachen, die ihm nicht gehörten, auf geheimnisvollste Weise an sich zu bringen, war eine seiner hervorragendsten Begabungen. Handelte es sich um Dinge, die nicht »zum alsbaldigen Verbrauch« bestimmt waren, wie Äpfel oder Birnen, so brachte er sie seltsamerweise nach einiger Zeit meist wieder zum Vorschein, aber nicht, weil ihn das Gewissen gedrückt hätte, sondern weil er nun den Zeitpunkt für gekommen hielt, seine Beute auch kommerziell zu verwerten, nachdem er selber seinen Spaß daran genügend ausgekostet hatte. Das geschah mit einer so naiven Selbstverständlichkeit, daß sein Beispiel durchaus geeignet war, unsere eigenen moralischen Begriffe zu verwirren.

Eines Tages war mein wundervolles Tuthorn verschwunden, — ein riesiges argentinisches Rinderhorn, ein Geschenk von Onkel Otto, auf dem man wie ein fetter Dampfer tuten, aber auch einen schauerlichen Feueralarm blasen konnte, bei dem es nur gut war, daß unser Ort ihn von dem blechernen Klang des wirklichen Feuerhorns immerhin zu unterscheiden wußte.

Das Horn war weg. Aber einige Tage später hörte ich sein uriges Getute durch den Ort schallen. Aha! Ich wußte Bescheid. Und noch ein paar Tage später kam unser kleiner Buhmann denn ungeniert angerückt: »Was gibste mich, wenn ich Dein Tuthorn wiederbringe?« — Wir einigten uns auf ein »Spind« Birnen, »aber von die süßen gelben!« — Und diese mußte ich nun selber an und unter dem betreffenden Birnbaum unseres Gartens klauen, um wieder zu meinem Eigentum zu gelangen.

Das war das Merkwürdige und Bedenkliche an dem Bengel, der mich sowie andere Jungen immer wieder begaunerte, daß wir uns keineswegs bemühten, ihn von unseren Spielen auszuschließen. Amüsant war er; und es muß ja wohl so gewesen sein, daß seine unglaubliche Virtuosität im Klauen und die mit einem Schuß von Biederkeit durchsetzte Frechheit, mit der er die Dinge wieder anschleppte, uns igendwie imponierte. Gewiß, ich war ziemlich friedfertig, — aber ich kann mich auch von den anderen Jungen nicht erinnern, daß sie das Kerlchen für sein Verhalten jemals nach Strich und Faden verdroschen hätten.

Auch der Dampfer »Holger« fiel ihm in die Hände. Wo und wie das geschehen konnte, ist mir unklar geblieben; es handelte sich ja schließlich um keinen Gegenstand, den man heimlich in die Tasche stecken konnte. Der Schmerz um den Verlust grenzte an Verzweiflung, und ich kam nicht auf den Gedanken, daß wieder unser Ortsbuhmann im Spiele sein könne, — bis dieser dann nach einigen Wochen damit herausrückte, daß er wisse, wo der Dampfer sei und ihn mir für fünfzig Pfennige wieder beschaffen könne.

Wenn ich nun des wenig förderlichen Beispiels jenes Jungen gedenke, muß allerdings gesagt werden, daß ich im Alter von 10 bis 12 Jahren auch selber zu Streichen geneigt war, die ich weder vorher noch nachher begangen hätte. — Meine Mutter weilte damals ihrer Gesundheit wegen für einige Wintermonate an der See und hatte mein Schwesterchen und mich mitgenommen. In der Nähe unseres Quartiers befanden sich im Dünengelände mehrere Holzhäuschen, die im Sommer an Feriengäste vermietet wurden, zur Zeit aber mit verschlossenen Türen und Fensterläden leer standen. Wenn wir mit anderen Kindern spielten — und deren gab es dort genug —, übten die verschlossenen Häuschen eine eigenartige Anziehungskraft auf uns aus. Vor allem ein gleichaltriger Junge und ich strichen immer wieder voll Neugierde um die Gebäude herum und suchten nach einem Schlupfloch, um hinein zu gelangen. Schließlich fanden wir einen

Fensterladen, der von außen zu öffnen war, und hinter diesem ein nachlässig verschlossenes Fenster, durch das wir einstiegen:

So, so, — das sah aber mal nett in dem Häuschen aus! Alle Räume standen uns offen und wurden, meinerseits nicht ohne eine gewisse Scheu, besichtigt. — Etwas, was uns besonders fesselte, waren die herauf- und herunterziehbaren Pendel der elektrischen Deckenlampen. Um eine solche Einrichtung näher zu studieren, stellten wir uns auf einen Tisch und fanden, daß das Gegengewicht des Pendels überraschend schwer war. — Woher kam denn das? Diese weißen Porzellandinger konnten doch unmöglich so viel wiegen? — Aha! Beim Schütteln kullerte etwas darin herum, — und oben war ein Loch! — Wenn das zum Einfüllen war, — warum dann nicht auch zum Abfüllen?

Wir kippten das Porzellangefäß vorsichtig um und ließen lauter grauschwarze Kügelchen in unsere mächtig schwer werdenden Mützen gleiten. — Das war der erste Blei-Schrot, den ich zu sehen bekam; in seiner Gleichmäßigkeit und rollenden Beweglichkeit war er einfach begeisternd schön. — Eben genug, daß die Lampenschale noch einigermaßen ausbalanciert blieb, ließen wir in dem Porzellangefäß zurück, — mit dem übrigen zogen wir ab.

Wer der geistige Urheber dieses Unternehmens war, vermag ich mit Sicherheit nicht mehr zu sagen; wahrscheinlich war es der andere Junge, der von uns beiden im allgemeinen wohl der durchtriebenere war. Ich weiß aber doch sehr wohl, daß ich unser heimliches Tun in dem leerstehenden Holzhaus zwar als erregendes Abenteuer empfand, bei dem man sich nicht ertappen lassen durfte; das Bewußtsein indessen, daß wir auf sehr bedenklichen Pfaden wandelten, stellte sich damals aber kaum ein oder wurde von dem Vergnügen an den schönen Bleikügelchen und dem gelungenen Streich überdeckt. Auch hatte ich keine Scheu, einige Tage später die Geschichte mit einer Art Prahlerei einem jungen Manne zu erzählen, der sich als Kurgast am gleichen Ort befand und den ich sehr liebte. Es war ein Kandidat der Theologie. Mit sehr nettem Verständnis für einen zehnjährigen Jungen und ohne das irregegangene Schäfchen in Grund und Boden zu verdonnern, brachte er mir aber doch den Gedanken nahe, daß man so etwas auf deutsch eigentlich einen Einbruchdiebstahl nennen müsse.

Welch ein Abstand aber hatte sich doch entwickelt zwischen dem zehnjährigen Bengel und dem vierjährigen kleinen Jungen, der in seinem ursprünglichen Rechtsempfinden untröstlich gewesen war, weil er einmal unwissentlich ohne Bezahlung Karussell gefahren war!

# Was machen die beiden da eigentlich?

Daß Kinder unter Puffen und Zischen die Arme wie Pleuelstangen bewegen und als Lokomotive daherschurrend die Schuhsohlen abwetzen, kann man fast jeden Tag auf der Straße sehen. — Daß sie unter lautem Gebrumm mit ausgebreiteten Armen auf dem Rasen herumsausen, ist ebenfalls nicht selten, und daß diese Kinder dann Flugzeuge sind, ist unschwer zu erkennen.

Aber was machen denn jene beiden da, das kleine Mädchen im blauen Faltenrock und der gar nicht mal so ganz kleine Junge?

Sie begegnen einander unbewegten Gesichtes auf der Straße, tun, als ob sie sich nicht kennen, doch im Vorübergehen fangen beide plötzlich an, mit den Händen hinter dem Rücken zu fummeln, halten dann die Hände für ein paar Sekunden still, fummeln wiederum über dem Hinterteil herum — und sind nun schon zehn Schritte voneinander entfernt, ein jeder seinen Weg dahinziehend, als ob nichts gewesen wäre.

Natürlich ist aber was gewesen! Es ist doch ganz klar, was die beiden darstellen! Das sind doch Dampfer von der gleichen Linie, die sich durch »Dippen« der

Flagge am Heck begrüßen, — ganz wie es die gute Sitte erfordert. —

Damals jedenfalls galt sie noch, die gute alte Sitte, die nun längst in Verfall geraten ist. Heute fahren unsere Weserdampfer ohne Flaggengruß aneinander vorüber, an dem nicht nur die Kinder unter den Fahrgästen Anteil nahmen. — Wozu solche überflüssigen Mätzchen? — denkt man heute. Personal ist knapp.

# Von Neuseeland bis Jamaika

Unsere Betten waren voller Tiere. —

»Wie bitte?« —

Jawohl, sie waren voller Tiere, das Bett vom Schwesterchen wie auch das meine, und beide standen in der gleichen Kammer. In jedem lagen außer uns selber mindestens ein Fuchs und ein Bär, und wenn diese am Tage auch wie ein Kopfkissen und ein »Plümo« aussahen, so verwandelten sie sich doch abends unter dem Zaubermantel der Dunkelheit in unsere guten Kameraden »Füchsli« und »Bärli«.

Es waren aber auch noch andere Tiere im Bett, die auf die kaum mehr erklärbaren Namen »Vossi« und »Sylli« hörten. Vossi war wohl einzig in seiner Art; zärtlich uns umschmiegend, wärmte es als Bettdecke, doch ließ es sich nach Bedarf auch melken und hatte die wunderbare Fähigkeit, an jedem der vier Zipfel etwas anderes zu spenden: an dem einen Zipfel Vanillesoße, am anderen Buttermilch, am dritten Kakao und am vierten sogar kühlen Himbeersaft! Und so wie Vossi das Kunststück vollbrachte, seinen Himbeersaft zu phantasieren, so war unsere Einbildungskraft auch entsprechend stark, um dieses imaginäre Erzeugnis wie wirklichen Saft schlemmerhaft zu genießen. — Was Sylli betrifft, so hätten erwachsene Leute nichts anderes an ihm gesehen als ein mit Roßhaar gestopftes Keilkissen aus grau-weiß gestreiftem Drell; für uns aber war es, auf die Kante gestellt, ein vortreffliches Reittier, auf dem wir manche wilde Jagd geritten haben. Gelegentlich — das läßt sich nicht verschweigen — ging es so toll her, daß sogar »Drazzli«, das Riesenroß, aus dem Stall gezerrt wurde. Dann aber war auch buchstäblich das Unterste zuoberst gekehrt, denn Drazzli war die nun hochkant gestellte Matratze, auf der geritten wurde. — Aber wie gesagt, wenn Drazzli auf den Plan trat, dann herrschte schon ein Ausnahmezustand, von dem wir nicht weiter reden wollen; im allgemeinen ging es einigermaßen sinnig bei uns zu, wenn abends das wundervolle Bettenspiel begann. Es fand in Neuseeland statt.

Neuseeland hat mich schon frühzeitig beschäftigt. Ich glaube, es war im zweiten Schuljahr, als die Rede auf dieses Land der Antipoden kam und die Lehrerin sagte, dort hingen die Leute mit dem Kopf nach unten. Dagegen empörte ich mich und sagte, das sei nicht wahr, denn ich sei mit meinem Vater schon dort gewesen, da habe ich selber gesehen, daß die Menschen dort genauso herumliefen wie bei uns.

Die Lehrerin war baß erstaunt über den weitgereisten kleinen Mann und wollte wissen, wann das denn gewesen sei.

»Vorigen Sonntag erst«, antwortete ich, und da

stellte sich dann allerdings bald heraus, daß ich Neuseeland mit Oberneuland, dem freundlichen Villenvorort von Bremen, verwechselt hatte!

Diese geographische Belehrung erfuhr ich aber bereits etliche Jahre vor den Glanzzeiten unseres Bettenspiels, als meine Kenntnis der Erdoberfläche dank Großvaters altem Globus schon eine sehr viel bessere war.

Und unser Spiel hatte durchaus System. Sobald wir uns im Bett befanden, waren Schwesterchen und ich Farmersleute auf Neuseeland. Wir bewirtschafteten unsere ausgedehnten Ländereien nicht mit menschlichen Arbeitskräften, sondern mit Hilfe unserer intelligenten »Füchslis« und »Bärlis«, die allerdings ausserordentlich vermenschlichte Züge besaßen, waren sie doch zu jeder Arbeit willig und geschickt — sei es bei der Schafzucht, sei es beim Ackerbau oder der Waldrodung oder beim Betrieb unserer Sägemühle, mit der wir einen schwunghaften Holzhandel unterhielten. Bei all den mannigfachen Verrichtungen gingen uns jeweils besonders spezialisierte Füchslis und Bärlis zur Hand, wobei letztere als die Größeren und Verständigeren meist die leitenden Aufseherstellen innehatten. Unsere handgreiflichen Kissen-Füchslis und -Bärlis waren dabei gewissermaßen stellvertretend und dienten als Mittelsmänner für den Verkehr mit der ganzen körperlich nicht greifbaren Schar der übrigen.

In dieser Phantasiewelt schufen wir uns eine wohldurchdachte Ordnung. Am Tage wurden Landkarten unserer Besitzungen gezeichnet: Hier der schiffbare Fluß, an dem unsere Siedlung lag, hier Ackerflächen, dort Weideland, dort der noch unberührte Urwald. Auch Ansichten der verschiedenen Gebäude wurden entworfen: Das aus Baumstämmen gefügte behagliche Blockhaus, dann das Vorratshaus, die Geräteschuppen und die am Fluß gelegene Sägemühle mit dem großen Wasserrad. — Die Wohnungen der Füchslis und Bärlis dachten wir uns — und zeichneten sie entsprechend — als kleine Erdhütten im Walde.

Wie lange wir dieses aus dem Nichts gestaltete Farmer-Spiel getrieben haben, weiß ich nicht zu sagen; es mag für wohl viele Monate die Zeit zwischen Zubettgehen und Einschlafen ausgefüllt haben.

Ganz besonders angetan hatte es uns das große, seetüchtige Motorboot, das unsere Phantasie gebaut hatte und das ebenfalls von außen und von innen in sorgfältigen Konstruktionszeichnungen festgehalten war. Mit diesem ausgezeichneten Schiff unternahmen wir von der Farm aus weite Reisen, und zwar mehrmals nach Jamaika, wo wir eine bedeutende Zweigniederlassung als Zuckerrohr-Plantage »besaßen«, die natürlich ebenfalls von Scharen flinker Füchslis und Bärlis bewirtschaftet wurde.

Was hinderte uns denn, an Bord unseres Schiffes zu sein, wenn wir im Bett lagen? — Gar nichts hinderte uns; das Bett selber war ja das Schiff, und mit ihm stand uns die ganze Welt offen! Wir reisen also nach Jamaika! —

Es ist ein warmer, etwas schwüler Sommerabend, — schon fällt die Dämmerung ein, während ein lebhaftes Gewimmel am Anleger herrscht.

Wir machen seeklar! — Befehls- und Kommandoworte fliegen hin und her.

»Füchslis der Wache, hißt den Blauen Peter, das Zeichen der Abfahrt!«

»Setzt die Positionslampen!«

»Smutje-Füchsli«, sag ich zu meinem Kopfkissen und haue ihm beiderseitig in die Weichen, daß es mit aufgerecktem Zipfel stramme Haltung annimmt, »Smutje, spring zu Tante Gerda; sie soll melden, ob das Hammelfleisch und der übrige Proviant vollzählig an Bord ist und ob der Frischwassertank gefüllt ist!«

»Ich soll Tante Gerda fragen, ob das Hammelfleisch und der übrige Proviant an Bord ist und ob der Frischwassertank gefüllt ist«, so repetiert das Kissen den Auftrag und fliegt in Schwesterchens Bett hinüber.

»Oberfüchsli Nauti hat Vollzug der Kompaßprüfung zu melden!«

»Die Maschinenfüchslis Volti und Ampi melden die Spannung der Akkumulatorenbatterie!« — »Wieviel? 60 Volt? — In Ordnung!«

Ein Kissen fliegt aus Schwesterchens Bett in meines zurück und nimmt stramme Haltung an: »Meldung

von Tante Gerda: Hammelfleisch, zehn Kisten Mais-
kuchen und übriger Proviant an Bord; Frischwassertank ist aufgefüllt!« —

»Danke sehr!« (Ab. —)

» — Ach sieh mal an! Ihr zwei beiden kleinen Vie-
cher! Wo kommt Ihr denn her? — Dreckig wie die
Ferkel! — Was? — In der Bilge habt ihr Euch versteckt? — Wollt Ihr wohl machen, daß Ihr von Bord
kommt! Das könnte Euch so passen, als blinde Passagiere mit nach Jamaika zu fahren! Los, Gerda, hilf
mal ein bißchen nach, daß die beiden an Land kommen, — aber dalli, dalli!«

Zwischen der Kopfwand des Bettes und der Matratze stecken ein Kleiderbügel und ein hölzerner
Kochlöffel, das sind die Hebel, mit denen man den Motor anwerfen und die Schraubenwelle einkuppeln
kann. Der Motor läuft bereits. —

»Leinen los!« heißt es nun. — »Langsam vorrut!«
Da läßt ein Umlegen des Kochlöffels das Schrauben-
wasser am Heck aufquirlen, während der Chor der
Bordfüchslis das »Muß i denn, muß i denn...« an-
stimmt. — Vom langsam sich entfernenden Anleger
aber wedelt und wedelt die Schar der zurückbleiben-
den Füchslis und tönt noch das klägliche Gebrüll der
beiden ertappten blinden Passagiere herüber. Gerda
weiß das sehr rührend darzustellen!

So gleitet das Schiff den dunklen Fluß hinunter der
See zu. —

»Full speed!« heißt nun das Kommando an die Maschine, — und pitsch, pitsch — klatschen die höher werdenden Wogen gegen den Bug des Schiffes. — Pitsch, klatsch — schon wieder!

Aber wie behaglich liegt es sich hier in der Kajüte, — wie urbehaglich kann man sich nun strecken und dehnen nach all dem Trubel der Abreise.

»Gerda, gehen wir schlafen. — Wir sind im offenen Fahrwasser. — Oberfüchsli Nauti, Du übernimmst das Ruder. Steuere Nordnordost! — Nur bei besonderen Vorkommnissen bitte mich zu wecken!«

# Melde mir ab!

Auf einem Schulausflug — in der Untertertia dürfte es gewesen sein — waren wir in Cuxhaven. Am Amerika-Kai war gerade der große Dampfer »President Lincoln« im Begriff abzulegen. Unmittelbar vor uns wuchs seine schwarze Bordwand riesenhaft in die Höhe, und aus den Bullaugen drängten sich überall die Köpfe der Zwischendeckspassagiere. Oben auf den Decks aber standen, winkend und Taschentücher schwenkend, die Reisenden der feineren Klassen.

Plötzlich quoll mit zitternder weißer Dampffahne ein durch und durch dringender fetter »Tuut« hinter dem vorderen Schornstein hervor, und kaum war die weiße Wolke verflattert, da begann die Bordkapelle »Nun ade, du mein lieb Heimatland!« zu spielen.

Habt ihr das jemals erlebt, solchen Augenblick, in dem einem, fast bis zum körperlichen Schmerz spürbar, ein seltsamer Schauer den Rücken hinunterläuft? — Diesen Augenblick vor der hochragenden Bordwand eines Auswandererschiffes, das zur Ausreise die Trossen loswirft und sich dann Zoll um Zoll unter den Klängen des »Nun ade!« langsam vom Bollwerk entfernt?

Als Junge war er mir sehr vertraut und hat mich

jedesmal tief ergriffen: der Anblick der langen Züge von Auswanderern aus Polen, Galizien und wer weiß woher, die in Bremen gesammelt wurden. In fremdartigen Kleidern, die Frauen meist mit bunten Röcken und Kopftüchern, zogen sie durch die Straßen, um zu vorübergehender Unterkunft in die Auswandererhallen und von dort, sobald sie zahlreich genug waren, um auch den letzten Platz der Zwischendecks zu füllen, zur Einschiffung nach Bremerhaven geführt zu werden. Etliche lebhaft gestikulierend und in fremder Zunge redend, die meisten aber stumm und müde mit verhärmten Gesichtern, so zogen sie in endlosen Scharen dahin, gebeugt unter der Last von schäbigen Koffern und Kisten und den großen Ballen von Bettzeug, das sie auf dem Rücken schleppten. — Und alles das an stumpfer Ergebung, an Elend und Hoffnungslosigkeit, aber auch an Wagemut, Abenteuerlust und Hoffnung nahm dann tief unten in seinem Bauch in buntester Mischung der große Amerikadampfer zu ungewissem Schicksal entgegen. — Auch viele Deutsche waren darunter. — Ade, du mein lieb Heimatland.

Wir Jungen haben damals noch lange dem »Präsident Lincoln« von der »Alten Liebe« aus nachgeschaut.

In der Nähe der »Alten Liebe« stand auf dem Deich eine Batterie leichter Schnellfeuergeschütze, mit denen an diesem Morgen nach einer Schleppscheibe scharf geschossen wurde. Das Schießen ging allerdings in einer Art Verkleinerung vor sich, denn die

Matrosen verschossen mit den Kanonen nur Infanteriemunition aus Einlegerohren, und was die Scheibe betraf, so schwamm sie nicht weit draußen auf dem Wasser, wie es einem anständigen Seeziel entsprochen hätte, sondern wurde von Matrosen auf dem Vorland des Deiches an langen Seilen hin und her gezogen. Trotz solcher Verniedlichung und Verbilligung des Kanonenschießens war der Vorgang für uns Jungen natürlich ungeheuer interessant. Solange die Übung dauerte, waren wir nicht von der Stelle zu bringen. Der leitende Offizier ließ uns auch nahe genug herantreten, so daß wir alles verfolgen konnten.

Das war nun so: Der jeweils schießende Matrose saß hinter der Zielvorrichtung auf einem kleinen runden Sitz, bediente mit der einen Hand die Seitenrichtmaschine, mit der andern die Höhenrichtmaschine und hatte einen Bauchgurt umgeschnallt, in den die Abzugsleine eingehakt war: Ein ruckartiges Einziehen des Bauches — und der Schuß war abgefeuert! Am liebsten hätten wir es auch versucht.

So gab nun jeder der zum Schießen eingeteilten Matrosen in kurzer Folge die vorgeschriebene Anzahl von Schüssen ab, trat dann vor den Leutnant und machte mit schneidigem Hackenzusammenschlagen in strammer Haltung seine Meldung. Einer nach dem andern kam an die Reihe. Und einer war darunter, der war so schmuck, so hübsch und so imponierend, gab so rasch und sicher mit elegantestem Bauchruck seine

Schüsse ab, daß ihm meine helle Bewunderung zu-
flog; — bis zu dem Augenblick, wo eben dieser Mann
vor dem Herrn Leutnant die Hacken zusammenriß
und aus seinem Munde die bedeutenden Worte fallen ließ: »*Melde mir ab!*« —

Dieser Wandertag hat noch manches große Erlebnis gebracht, wie zum Beispiel beim Mittagessen in
Duhnen einen Schweinebraten, der fast nur aus Fett
bestand, oder — nachdem am Strand das Wasser weg-
gelaufen war — eine Luftspiegelung, in der die ferne
im Watt gehenden Menschen alle wie lange Pfähle
aussahen und eine Reihe nach Neuwerk hinüber fah-
render Wagen einer Elefantenherde glich. — Mein
Mitschüler Schröder fing zierliche Rippenquallen in
einer Brauseflasche. Dann wanderten wir quer durch
die Krähenbeerenheide nach Altenwalde, tranken
dort in einem schattigen Garten für unsere letzten
Groschen Limonade und Prickelwasser, denn es war
sehr heiß; und als die Sonne schon tief stand, machten wir uns auf den Weg zum Bahnhof, um die Heimfahrt anzutreten. — Richtig, auf diesem Wege sahen
wir ja auch die Kuh, die in den Graben geraten war
und nun immer tiefer sackte! Hinni Kattenhorn und
einige andere wollten ihr heraushelfen, aber da kam
der Bauer hinzu und schimpfte fürchterlich, weil er
meinte, wir hätten sie in den Graben gejagt.

Den denkwürdigen Ausflug nach Cuxhaven hatte
auch mein Freund Philipp mitgemacht. Philipp ist

Zahnarzt geworden. Wenn ich in späteren Jahren hin und wieder in der alten Heimat weilen durfte, habe ich mich mehrmals zu ihm auf den Bohrstuhl begeben: Das tat ich immer recht gern. Wenn Philipp bei einem Bohrungen macht, tut es nicht eigentlich weh, doch spürt man in gewissen Augenblicken besonders intensiv, daß man lebt. Und sehr lebendig sind auch die Jugenderinnerungen, die Philipp und ich zwischen Bohren und Zahnplombieren untereinander auszutauschen pflegen, zumal er nicht die Untugend mancher Zahnärzte hat, gerade in solchen Augenblicken etwas zu fragen, wo man als Patient beim besten Willen nicht antworten kann. So kam einmal die Rede auf den damals rund vierzig Jahre zurückliegenden Schulausflug nach Cuxhaven.

»Weißt du«, sagte Philipp, »in Duhnen gab es doch einen wirklich schauderhaft fetten Schweinebraten, ich konnte fast nichts davon essen!«

»Und weißt du noch«, sagte ich, »wie die Marinebatterie auf dem Deich ihre Schießübungen machte?«

»Ja, natürlich, ganz genau weiß ich das!«

»So, so, — und was sagte doch der eine hübsche Matrose, als er vor dem Leutnant sein zackiges Männchen baute?«

»Melde mir ab!« antwortete Philipp — nicht weniger prompt, als wie der Schuß aus dem Rohr fuhr, wenn der Matrose den Bauch einzog. —

Wie seltsam ist doch das menschliche Gedächtnis

beschaffen! — Melde mir ab: Diese blöden Worte hat
es nun bewahrt, bei meinem Freund so wie bei mir; sie
müssen uns Jungen als Ausspruch der Kaiserlichen
Marine wohl mehr erschreckt als amüsiert, aber jedenfalls viel tiefer berührt haben als manche simple
mathematische Formel, die einmal jahrelang zu unserem täglichen Handwerkszeug gehört hat, die ich
aber trotzdem nicht mehr zusammenbringe.

# Heiße Wünsche junger Jahre

Das Verlangen des Kleinkindes kann sich zwar ungemein heftig auf einen bestimmten Gegenstand richten, ist aber im allgemeinen doch unschwer auf ein anderes Objekt umzulenken, wie etwa vom Bauklotz auf den Gummiball. — Später entwickeln sich dann mit großer Zähigkeit festgehaltene heiße Wünsche, die nur schwer zu verdrängen sind und die das Kind mit ebenso quälender wie rührender Ausdauer nach dem Prinzip »steter Tropfen höhlt den Stein« den Eltern immer wieder in die Ohren träufelt. Das kann scheußlich sein, sollte als Zeichen sich festigender Stetigkeit aber doch anerkannt werden, wobei die Eltern allerdings oft vor schwieriger Entscheidung stehen, ob die Erfüllung des Wunsches oder das Nichtgewähren für das Kind am förderlichsten ist.

Zur Zeit des Indianerspielens lag mir in den Träumen die Silberbüchse Winnetous in der Hand. Am Tage freilich war es nur ein Knüppel, aus dem ich die niemals fehlende Kugel entsandte, — und mit dem Knüppel im Anschlag richtete sich Sinnen und Trachten, anfangs schüchtern, dann aber doch sehr bestimmt auf ein »Diana«-Luftgewehr. Das aber war ein Wunsch, der bei meinem Vater durchaus kein Gehör fand, obgleich er mir doch selber bei der Anfertigung so mancher schönen Lanze und sehr brauchbarer Bogen und Pfeile geholfen hatte, mit denen man im Grunde nicht minderes Unheil hätte anrichten können als mit dem Luftgewehr.

»Eine Windbüchse kann mein kleiner roter Bruder nicht bekommen« sagte Vater, und dabei blieb es.

Doch in anderer Weise fand das Indianerspiel eine ungeahnt großartige Unterstützung, — und dabei richtete sich mein Begehren — es war im vierten Schuljahr — leidenschaftlich auf den Besitz eines Kuhschwanzes! — Jawohl — Kuhschwanz. — Wir waren als Ferienbesuch bei Onkel Otto und Tante Pauline in Aschersleben, als ihre Tochter, meine bewunderte und geliebte Base Anni, mir die herrlichsten Indianerkleider aus einem Nesselstoff nähte, den sie in einer Abkochung von Zwiebelschalen lederbraun eingefärbt hatte. Von den bestickten, aus alten Pantoffeln gefertigten Mokassins über die mit Fransen besetzten »Leggins« bis zum kriegerischen Federschmuck des Kopfes war an dieser Kleidung alles vorhanden, was man im Wilden Westen benötigte, — ja mehr noch als das, denn Base Anni opferte mir sogar eine Halskette aus roh geschnittenen Bernsteinstükken, die eigentlich viel zu wertvoll war, und dazu eine Jagdtasche unbekannter Herkunft, aber von fabelhaft indianischem Aussehen.

Wäre diese Ausrüstung nicht so vollkommen gewesen, so wäre mir auch wohl nicht bewußt geworden, wie wenig noch immer der darin steckende Junge einem richtigen Indianer entsprach. Vor allem mein strubbelig blonder Haarschopf kam mir vor dem Spiegel einfach empörend vor und bedeutete eine Entweihung des angestrebten Idealbildes. Ich fand mich gräßlich und lächerlich. − Wie aber sollte ich zu Winnetous schönem langen, schwarzen, strähnigen und fettigem Haar gelangen? − Diese Frage beschäftigte mich lebhaft, und zu der mir möglich erscheinenden Lösung gab schließlich Onkel Otto, freilich ohne sein Wissen, die Anregung. Ich hatte nämlich schon einmal davon munkeln hören, Onkel Otto trüge eine Perücke, und in der Tat, meine heimlichen Beobachtungen bei Tisch konnten das nur bestätigen. Es müssen sogar zwei oder drei Perücken gewesen sein, deren sich Onkel Otto abwechselnd bediente, denn vom einen Tag auf den anderen erschienen seine Haare auf einmal so sehr gewachsen, daß dies nur durch den Austausch der Perücken möglich sein konnte, welche insgesamt offenbar den Zustand vor dem Haareschneiden, nach dem Haareschneiden und vielleicht noch während eines Zwischenstadiums widergeben sollte. Kein Zweifel: Onkel Otto hatte in Wirklichkeit eine Glatze und konnte dank einer famosen Erfindung sich vom völligen Blank bis zu schön gewellter Behaarung verschiedener Länge willkürlich verändern.

Warum sollte es da nicht auch möglich sein, aus

meinem Strubbelkopf den eines Winnetou zu machen? Eine Perücke! Der Gedanke war begeisternd. Mein Instinkt sagte mir aber, daß es sich bei dem Verfolg dieser Frage immerhin um ein ziemlich heikles, vor Onkel Otto schwierig zu besprechendes Thema handelte. Mit aller Vorsicht zog ich zunächst die Base Anni ins Vertrauen. Als Verfertigerin des wundervollen Indianeranzuges mußte sie ja wohl am ehesten für mein langhaariges Begehren Verständnis haben. Das hatte sie auch, aber ich erfuhr von ihr, daß Perücken ein überaus kostspieliges Bekleidungsstück seien, und zwar je länger, um so teurer, und daß deshalb mein Wunsch ganz gewiß unerfüllbar war. — Und da verfiel ich denn als letzten Ausweg auf den Kuhschwanz.

Onkel Otto besaß nämlich nicht nur eine Perücke, sondern auch eine große Lederfabrik. Die Lederfabrik verarbeitete argentinische Rinderhäute, und da ich wußte, daß von diesen Rindern manchmal sogar ihre prachtvollen großen Hörner von Argentinien bis Aschersleben gelangt waren, erwartete ich das um so mehr von ihren hinteren Anhängseln, den Schwänzen.

Ach, eine einzige Schwanzquaste nur, — schön gewaschen, dann mit Schuhwichse gebürstet und hinten an meinen gefiederten Kopfputz gehängt, — das mußte mich doch dem Aussehen Winnetous erheblich näherbringen! — So etwa dachte ich mir die Sache, wenn ich schon auf eine richtige Perücke verzichten mußte.

Aber leider, leider sollte auch diese schöne Idee als Wunschtraum begraben werden. Als ich sie Onkel Otto berichtete, wurde ich nur mit freundlichem Wohlwollen und mitleidigem Streicheln über den unglücklichen blonden Strubbelkopf ausgelacht. Ob er wirklich keine Kuhschwänze besaß oder ob ihm die Sache gar zu lächerlich vorkam, weiß ich nicht, jedenfalls mußte ich mich daran gewöhnen, als kurzhaarig blonder Indianer weiter zu leben.

Das tat ich denn auch, — bis der Indianeranzug schließlich ein ziemlich trauriges Ende fand. Nach Bröcken zurückgekehrt, erregte ich natürlich mit meiner Ausrüstung Bewunderung und Neid der übrigen Jungen. Eines Tages, als wir uns wieder einmal auf dem Kriegspfade befanden, kam es zu einer großen Schlacht an und in der Aue. Die feindlichen Kanoes, dargestellt durch den in einer Zink-Waschbalje daher paddelnden Freund Willi, kamen das Bächlein herunter geschwommen; die begleitenden Krieger brachen aus dem Ufergebüsch hervor, und zu Wasser wie zu Lande entwickelte sich unter gewaltigem Kriegsgeschrei eine mächtige Balgerei, dem der dünne Nesselstoff meiner braunen Häuptlingskluft nicht mehr gewachsen war. Aufgeplatzt bereits in den verschiedensten Nähten und hängengeblieben im Weidengezweig, wurde mir das Zeug im Wasser vollends vom Leibe gerissen. Die Reste spülte die Strömung davon. — Splitterfasernackt, und sicherlich nicht als

166

Rothaut anzusehen, mußte ich durch das halbe Dorf nach Hause laufen, und unsere alte Gartenfrau entrüstete sich über diesen Anblick mit den Worten: »Der Junge hat aber auch gar kein Genie!«

Der Schulweg führte an einer alten Schmiede vorbei, aus der weithin der helle Klang von Hammer und Amboß ertönte. Beim Näherkommen sah man durch das offene Tor das Feuer lodern und hörte den Blasebalg sausen. Aus nächster Nähe genossen wir den immer wieder erregenden Augenblick, wenn, von den mächtigen Fäusten des lederbeschürzten Schmiedes gehalten, dem Pferdefuß das heiße Eisen zischend auf den Huf gepaßt wurde und brenzlicher Horngestank unsere Nase beizte. Ich glaube, dieser Augenblick hat uns oft mehr erregt als das Pferd, das meist geduldig still hielt und den ganzen Vorgang als von Zeit zu Zeit notwendige Prozedur in verständiger Gelassenheit hinzunehmen schien.

Die Schmiede besaß überhaupt eine große Anziehungskraft. Zu ihr gehörte ein anschließender Grasplatz, auf dem Pflüge, Eggen und Wagen herumstanden, die repariert werden sollten, und auf einem etwas abseitigen Teil des Platzes fanden sich neben alten Wagenrädern, Eisenreifen, Ketten und Ringen auch vielerlei Dinge, für die wohl keine andere Verwendung mehr vorgesehen war, als die alten Eisens. Oft, und stets etwas scheu, habe ich hier herumspioniert.

Nichts aber auf dem ganzen Abstellplatz beschäftigte mich mehr und wurde für einige Monate zum Ziel meiner Wünsche, als das Oberteil eines ausgedienten Brotwagens. Es war der vom Fahrgestell abmontierte Kastenaufsatz aus Blech, allseitig geschlossen und nur auf der Hinterseite mit einer Tür versehen zum Ein- und Ausladen der Brote. Groß war er nicht, der Kasten; er mag kaum mehr als anderthalb Meter an Länge und ein Meter Höhe gemessen haben, erschien mir aber vollendet formenschön mit seinem leicht gewölbten Verdeck und einem um dieses herumlaufenden niedrigen Geländer, das wohl hinaufgestellte Brotkörbe am Abrutschen hatte verhindern sollen.

Um dieses Wrackstück eines Brotwagens also rankten sich bis in den Traum hinein so sehr meine verlangenden Gedanken, daß ich es schließlich wagte, seinen Besitz als meinen heißesten Geburtstagswunsch zu bekennen. – Und was wollte ich damit? – Nun, eines der herrlichsten Spiele war es, hinter unserm Haus einen Ozeandampfer im Sand zu bauen, mit dem man fremde Häfen und Länder besuchen konnte. Für Reling, Masten und Tauwerk fand sich im Haus und Garten immer allerlei geeignetes Material. Zum Steuern diente das Rad einer alten Schiebekarre, den Schornstein stellte ein Ofenrohr vor, und das Tuten wußte ich so dick, so fett und echt hervorzubringen, wie man es nur wünschen konnte, weil ich ein riesiges argentinisches Rinderhorn besaß, um das ich von allen Jungen der Nachbarschaft beneidet wurde. Ja, des gewaltigen Tut-Effekts wegen war dieses Rinderhorn sogar eigentlich das Kernstück meiner verschiedenen Dampfer. — Die Decksaufbauten aber, die man aus alten Kisten oder aus von Säcken umkleideten Bohnenstangen zusammenstoppeln mußte, blieben doch hinter meinem Wunschtraum allzusehr zurück. Der Brotwagen indessen, der Brotwagen, — der mußte wirklich das Ideal eines Deckshauses abgeben! Und daß ich ihn *nicht* zum Geburtstag erhielt, — das war eine schwere Enttäuschung.

Sicherlich, der Schmied hätte den alten Kasten wohl um ein Geringes abgegeben und wäre noch froh gewesen, ihn los zu sein. Aber meiner Mutter hätte er dann als ein Denkmal im Garten gestanden, über dessen Schönheit sie wohl eine andere Auffassung gehabt hätte, als ich. — Das Geschehenlassen jener schrecklichen Wühlereien und Bauten, die wir Kinder vor dem Hintergrund ordentlicher Blumenbeete vollführten, erscheint mir heute als ein bereits außerordentlich großzügiges Zugeständnis meiner Mutter.

Und doch! — Später hat mein eigener Junge an der gleichen Stelle hinter unserm Elternhaus seinen Dampfer in den Sand gebaut, und gemeinsam mit ihm bin auch ich begeistert wieder in die Welt hinaus gefahren. Da wurde die Erinnerung an den alten Brotwagen doch wieder sehr lebendig. Und hätte die alte

Schmiede noch bestanden, — hätte der Brotwagen da noch gelegen, — ich weiß, was ich getan hätte.

Die Zeit, in der wir vor Mutters Küchenfenster den ganzen Erdball umschifften, ging schließlich in eine Periode über, in der die Reisen zwar sehr viel kleiner waren, dafür aber auch nicht auf dem Sand, sondern wirklich auf nassem Wasser vonstatten gingen, auf unserm Wiesenbach nämlich, der vielgeliebten Aue.

Das erste Fahrzeug, das ich für die Aue baute und stolz »mein Boot« nannte, war eigentlich nur eine viereckige, niedrige Kiste, kaum zwei Meter lang und einen halben breit. Tüchtig mit Werg kalfatert und mehrmals mit Teer gestrichen, hielt es für eine Weile auch einigermaßen dicht. — Fürwahr, ein wonniger Anblick, wie es schwarzglänzend im hellen Sonnenschein schwamm! Keine Schiffahrt im späteren Leben, auch nicht auf dem Ozean, ist mir beglückender gewesen als jenes erste Schippern in dem selbstgebauten backtrogähnlichen Fahrzeug, in dem man wie ein Türke mit überkreuzten Beinen auf dem platten Boden saß und das aus einem Besenstiel und zwei Brettchen gefertigte Paddel handhabe.

Ja, diese Kiste von Boot glänzt als eine Perle in der Kette der Kindheitserinnerungen, und zwar als eine schwarze Perle, — und eben wegen der Schwärze fielen damals doch auch einige Wermutstropfen in mein Glück hinein — sie kamen aus dem Eimer voll Teer, den ich an dem Boot verstrichen hatte.

Käme eines meiner Kinder derart mit Steinkohlenteer besudelt nach Hause wie ich von meiner ersten Auefahrt — ich glaube kaum, daß ich die Fassung bewahrt haben würde, es sei denn, es geschähe in eben diesem Augenblick, wo mich beim Niederschreiben dieser Zeilen die Erinnerung an eigenes genossenes Glück zu ungewöhnlicher Milde stimmen könnte.

Mutter, die sonst so langmütige und gegenüber jedem Kinderspiel verständnisvolle, war doch erschüttert: Die schöne Matrosenbluse und die gute Hose konnte man nur wegwerfen, und die Unterhose auch, in die sich eine schwarze Brille durchgedrückt hatte. Alles voll Teer, alles mit Teer verschmiert, und dazu natürlich Hände, Arme, Gesicht und Beine, deren mühsame Reinigung ein erkleckliches Stück Butter kostete. Jawohl, Butter, damit geht es immerhin noch am manierlichsten; das habe ich damals gelernt!

Später, als ich schon etwas größer war, baute ich ein zweites Boot. Es war sehr viel schöner, besaß einen spitzen Bug, verjüngte sich auch nach hinten zu einer gefälligen Form mit »Spiegelheck« und war freudig grün gestrichen. Doch gingen seinem Bau langwierige Verhandlungen mit meiner Mutter voraus. Sie wollte von einem neuen Boot nichts wissen. Einerseits war es die Erinnerung an die grausige Teerschmiererei, die ihr noch im Sinn lag, zum andern hegte sie wohl die Sorge, ich könnte mich mit dem neuen Fahrzeug aus dem harmlosen Bereich der Aue heraus auf die

Weser wagen, wozu allerdings weder ich selber noch das Boot groß genug gewesen wäre. Denn wenn es auch viel hübscher aussah als mein schwarzer Backtrog, wurde es doch nur ein winziges kippeliges Ding mit flachem Boden.

Geradezu verbieten wollte Mutter die Bootsbauerei wohl nicht, und so kam sie, um mich abzulenken, mit einem Gegenvorschlag, dessen Großzügigkeit mich völlig überraschte und rührte. Es war ein herrlicher Frühlingstag, als sie mir auf einem Spaziergang zum Schönebecker Schloß den Plan entwickelte, eine Eisenbahnanlage zu bauen. Eine Eisenbahn nicht etwa im Zimmer sollte es sein, sondern draußen im Garten; eine Bahn mit langen Schienenstrecken, so daß der Zug auch eine richtige Reise tun mußte, wenn er durch Wiesen und Wälder, über Brücken und durch Tunnel fahren würde. Welch ein Vergnügen mußte es sein, allein schon diese abwechslungsreiche Landschaft anzulegen und zu bepflanzen, den Bahndamm zu bauen, die Schienen zu verfertigen, Bahnhöfe und Wärterhäuschen zu basteln und hübsch anzustreichen! — Die Wagen und eine oder zwei Lokomotiven, die würden wir freilich kaufen müssen.

Das war ein wunderbares und großes Programm, das Mutter mit einer Wärme darlegte, die ihre eigene Freude an dem Plan erkennen ließ. Offenbar entsprang er auch nicht dem Augenblick; sie mußte sich schon länger damit beschäftigt haben.

Zunächst vergaß ich fast, daß ich darüber mein Boot preisgeben sollte, und spann begeistert mit an den lockenden Zukunftsbildern. Ich stellte mir vor, wie das Zügle durch ein Miniaturwäldchen, etwa von Buchsbaum, dampfte, wie es in dem zu errichtenden Gebirge in Kurven seinen Weg nahm, wie es auf kühnem Viadukt ein Wiesental überquerte und dann im Tunnel verschwand. — Himmel, welche Möglichkeiten gab es da! — Oder gab es diese doch nicht, wenn man die Sache näher überlegte?

Bald sah ich dann auch in Gedanken, wie die Lokomotive den Hang hinunterstürzte und Sand in das Uhrwerk geriet oder — wenn es gar eine Dampflokomotive sein sollte — in den Zylinder! Das war noch schlimmer. Und wenn es nun regnete? Man konnte die ganze Schienenanlage und die Häuser doch nicht jedesmal wieder abbauen. Ach, alles würde verderben und verrosten; ein Gewitterguß würde gar die ganze kleine Landschaft mit Bergen und Bahndämmen zerstören. Ach nein, es ging nicht, es ging wirklich nicht. Es war von der Natur schon so bestimmt, daß Spielzeugeisenbahnen nur in der Stube laufen dürfen, wenn sie einigen Bestand haben sollen.

Das sah dann schließlich auch Mutter ein. Auf der Auebrücke vorm Schönebecker Schloß lag der Wendepunkt unseres Frühlingsspaziergangs. Der Sägemüller hatte das Wehr aufgezogen; da schoß es hin, das schöne lebendige Wasser. — Und da sagte Mutter von selber: »Nun, so baue dein Boot — aber streiche es von innen nicht mit Teer an, und fahre nicht auf die Weser.«

# Elektrizität

Etwa mit dem Eintritt in die Quarta begannen Spieltrieb und Wünsche sich auf eine etwas höhere Stufe zu erheben: das Geheimnis der Elektrizität fing an zu locken! In unserem ländlichen Haushalt gab es damals aber noch nichts Elektrisches — weder Licht- noch Klingelleitung. Letztere war zwar vorhanden gewesen, als unser Vater das Bröckener Haus kaufte und umbaute, doch hatte er geflissentlich die elektrische Pingelanlage entfernt, um sie in Wohn- und Eß- stube durch die aus Worpswede mitgebrachten schönen alten Klingelzüge mit bunter Perlenstickerei zu ersetzen. Diese betätigten durch mechanische Übertragung eine auf dem Hausflur hängende Glocke. Auch die Haustür machte durch Anschlag an zwei Glockenschalen im Doppelklang einer Terz zur Begrüßung ein sehr viel freundlicheres »Ping-pong« als das unpersönliche Schrillen einer elektrischen Klingel.

Bei dieser Sachlage gab es für den jungen Bastler also nirgendwo Elektrizität abzuzapfen, und da ich mich über die »Reibungselektrizität« mit Katzenfell, Harzkuchen und dergleichen von vornherein erhaben fühlte, mußte die Beschaffung einer vernünftigen

Stromquelle meine erste Sorge sein. In Einmachegläsern zusammengebaute Kohle-Zink-Elemente befriedigten nur vorübergehend. Auf die Dauer kam nur ein Akkumulator ernstlich in Frage, obgleich es mit dem Laden desselben seine Schwierigkeiten hatte, weil man ihn dafür von Zeit zu Zeit zur Steingutfabrik tragen, ihn bei einem ziemlich mürrischen Portier abgeben mußte und sich von dessen Gnade in etwas beklemmender Weise abhängig fühlte.

Der Akkumulator war nun aber eine große Angelegenheit. Nur auf dem Wege eines Hauptweihnachtswunsches war allenfalls an ihre Verwirklichung zu denken. — Wie aber sah denn der betreffende Wunschzettel aus!

Ja, die »Wunschzettel an den Weihnachtsmann« im Wandel der Jahre! Sobald man nur als Abc-Schütze die Buchstaben zu malen gelernt hatte, wurde in der Adventszeit vor dem Schlafengehen etwas bänglich der Wunschzettel in die Fensterbank gelegt, und wenn er am andern Morgen verschwunden war, bedeutete schon das eine wunderbare weihnachtliche Vorfreude — und wohl nicht nur für die Kinder, sondern auch für die Eltern. Zwar weiß ich nicht, wie das erste schriftliche Bekenntnis meiner Wünsche lautete, aber ich weiß, wie wonnig es für mich als Vater war, als ich meines eigenen Jungen ersten Weihnachtswunsch las: »1 mal kasten«! — Diesen Malkasten auszusuchen war eine besondere Freude.

Auch wenn es später etwa hieß: »Ein Kleid für Puppe Gertrud«, »Ein schönes Buch«, »Buntstifte«, »Ein Pferdewagen«, »Handwerkszeug« oder dergleichen, dann waren das Kinderwünsche, die den Eltern alle Gelegenheit zu liebevoller Auswahl gaben. Aber mit dem Beginn des Zeitalters meiner geistigen Elektrifizierung müssen für meine arme Mutter — Vater lebte damals nicht mehr — meine weihnachtlichen Wünsche nicht mehr besonders reizvoll gewesen sein. Da hieß es etwa:

»1) Akkumulatorenbatterie von 4 Volt, 17 Amp. Entladestunden, Type Nr. soundso, nach Katalog von Fritz Saran, Halberstadt.

2) Elektromotor mit 3-teiligem T-Anker und verstellbarer Bürstenbrücke; Type Nr. soundso nach dem gleichen Katalog.«

Da war denn jedes Zutun der Mutter ausgeschaltet bis auf die allerdings bedeutsame Frage: Bezahlen oder nicht bezahlen? Noch reizloser muß es für die gute Großmutter gewesen sein, sich an der Erfüllung solcher Wünsche zu beteiligen, — aber sie tat es, obgleich ich nicht einmal sicher bin, ob sie überhaupt an Elektrizität glaubte.

Nun, der Akkumulator traf wirklich ein, und zwar in einem piekfeinen Eichenholzkasten mit einem Lederriemen daran zum Tragen, und die in ihm gespeicherte Energie war derart überzeugend, daß sie schon in den ersten Tagen einen Schenkel der Nickelbrille meines Vetters durchschmolz! Der war nämlich so fürwitzig gewesen, die Brille als Leitungsdraht zu probieren, und dabei hatte er einen Kurzschluß verursacht.

Etwas später entwickelte sich die Leidenschaft für den Bau elektrischer Apparate. — Noch ist mir ein Schulaufsatz aus der Untertertia erhalten mit dem Thema »Was würdest du tun, wenn du reich wärest?« Ein schönes Thema! Es ließ unserer Phantasie freien Spielraum und war gewiß auch geeignet, dem Lehrer das Korrigieren etwas vergnüglicher zu machen. Es tut mir heute noch leid, nicht außer dem Aufsatz meines Freundes Hugo auch die der anderen Mitschüler gelesen zu haben. — Was mich betraf, so malte ich mir genießerisch die Einrichtung einer mechanischen Werkstatt aus, mit Drehbank, Bohrmaschine und allem nötigen Werkzeug in verschwenderischer Fülle. Anschließend an den Werkraum baute meine Phantasie ein Laboratorium mit vornehmen Marmor-Schalttafeln, Warnungsschildern mit gekreuzten Blitzen unter dem Wort »Hochspannung!« und mit vielen herrlichen Apparaten. Als Krönung aller Wünsche stand »auf einem fein polierten Mahagonitisch *das Ideal meines Lebens*, ein mächtiger Funkeninduktor!« So schrieb der Untertertianer.

Mir waren dann aber doch wohl einige moralische Bedenken wegen der gar zu eigensüchtigen Verwendung meiner unbeschränkten Mittel gekommen. Denn im Gefühl, daß man als reicher Mann auch etwas zum

Wohl der Allgemeinheit tun müsse, schloß besagter Aufsatz mit der Bemerkung, daß ich zur Stiftung meines Freundes Hugo, der Vegesack eine Badeanstalt schenken wollte, auch meinen Teil beitragen wolle.

Was aber das »Ideal meines Lebens« betrifft: Dreißig Jahre später entdeckte ich auf dem Dachboden des damals von mir geleiteten Institutes, verstaubt und zu altem Gerümpel gestellt, einen Funkeninduktor, der noch viel, viel größer war, als ich mir als Junge je einen solchen hätte vorstellen können. — Ich ließ ihn stehen; die Ideale wechseln.

Im übrigen erging es dem Tertianer mit dem Funkeninduktor aber doch besser als dem Sextaner mit dem Brotwagen. Auf dem Weihnachtstisch stand tatsächlich ein bildschöner, wenn auch an Größe bescheidener Induktor von 10 mm Funkenlänge. Er reichte aus, um dem Geheimnis der »Telegraphie ohne Draht« nachzugehen, wofür ich nach Anleitung des famosen »Elektrotechnischen Experimentierbuches« von Eberhard Schnetzler die nötigen Apparaturen — »Oszillator« und »Kohärer« hießen sie damals — schon vorher sorgfältig zusammengebastelt hatte. Es war ein Augenblick unbeschreiblichen Glückes, als auf das Knattern der Funkenstrecke im Weihnachtszimmer aus einem andern Raum, in dem die Empfangsapparate standen, durch zwei Türen hindurch eine Klingel ertönte, zum Zeichen, daß die drahtlose Übertragung gelungen war.

# Heldenverehrung

An einem Sommerabend, etwa dreizehn Jahre werde ich damals gezählt haben, ging Mutter mit mir unter den alten Eichen an unserm Garten entlang, als ein Radfahrer am Ende des Weges auftauchte:

»Mutter, Mutter, — da kommt der Primaner Horstmann!« Meine erregt hervorgestoßenen Worte machten aber offenbar so wenig Eindruck auf Mutter, daß sie ruhig zu sprechen fortfuhr und ich erneut auf die unerhörte Bedeutung der bevorstehenden Begegnung aufmerksam machte:

»Siehst du denn nicht, — da kommt doch der Primaner Horstmann!«

Und dann rauschte er schon vorüber, der Primaner Horstmann, der Sieger im Fünfkampf. Freihändig fahrend, die Arme auf dem Rücken verschränkt, so saß er in straffem blauem Anzug kerzengerade auf seinem neuen Rad. Mit unnachahmlichem Schmiß hing ihm die Primanermütze aus dunkelblauem Sammet schief über dem Ohr; kühn und kühl war der Blick seiner dunklen Augen geradeaus gerichtet, und ohne Notiz von uns zu nehmen, sauste er unbewegten Gesichtes vorüber, indessen ich mich in scheuer Verehrung seitwärts mit dem Rücken an die Hecke drückte.

Da fuhr er hin, schön wie ein Gott, der große Sieger im Fünfkampf, dem man beim letzten Turnfest der Schule den schmalen Eichenkranz aufs Haupt gesetzt hatte! — Mutter lächelte, als ich mich wieder zu ihr wandte. — Wenige Jahre später ist er während der ersten Kriegstage im Kampf um Lüttich gefallen.

Viel, viel später habe ich mir einmal ein neues Fahrrad gekauft, ein blitzeblankes, und gab mich dem Hochgenuß des Freihändigradelns hin. Aber zwischen den Jahren 1910 und 1936 bestand doch ein gewisser Unterschied, ebenso auch zwischen unserm Bröckener Eichenweg und der Hauptverkehrsstraße einer Großstadt, auf der ich jetzt meiner Lust frönte. Auch besaß ich wohl kaum mehr die schlanke Jünglingsgestalt wie seinerzeit der Primaner Horstmann, der mir so lebhaft in den Sinn kam, als ich flott und kühn mit hinter den Rücken gelegten Armen den glatten Asphalt hinunter radelte. Köstlich war das!

Da sprang hinter einer Litfaßsäule unversehens ein Schutzmann hervor, — und wahrhaftig, dann hatte er mich auch schon.

»Ihre Personalien bitte!« —

Der Schutzmann schrieb sie in sein Büchlein, stand einen Augenblick wie erschüttert, erhob den Blick, holte Luft und sprach: »Aaber Herr Professor! — wenn das ein *Junge* tut!!«

Das *hat* eben auch ein Junge getan, dachte ich kleinlaut. — Immerhin hat mich der Versuch, mit fast vierzig Jahren »Primaner Horstmann« zu spielen, fünf Reichsmark gekostet.

Alles hat seine Zeit. So stolz auch der Abc-Schütze seinen Ranzen mit dem heraushängenden Tafelschwamm zur Schule trägt, es dauert nur wenige Jahre, bis er es für unter seiner Würde hält, dieses Attribut beginnender Gelehrsamkeit auf dem Rücken zu zeigen, und sei es noch so schön mit Seehundsfell überkleidet oder gar mit einem vernickelten Namensschildchen versehen. Es ist die Büchermappe, die dann zum sehnlichen Wunsche wird, und ehe die Eltern diesen anerkennen, nimmt man lieber den Ranzen, dick und steif wie er ist, unbequem unter den Arm, anstatt ihn auf dem Platz seiner Bestimmung zu tragen.

Und wiederum ein paar Jahre später war es bei uns so: Da ließ sich auf dem täglichen Schulweg ein Junge sehen, der trug seine Bücher nicht wie ich in der Mappe, sondern einfach mit einem Riemen umschnürt unter dem Arm. Das war nun etwas ganz Großartiges. Und dieser Junge, ein wenig älter und »eine Klasse über mir«, gewann eben dieses Riemens wegen, dessen Ende in lässiger Grandezza aus der Schnalle herunterpendelte, für mich ein bedeutendes Ansehen. — Aber offenbar nicht nur für mich allein, denn bald darauf waren es bereits drei oder vier weitere Jungen, die ihre Büchermappe zu Hause ließen und sich mit dem Glorienschein eines solchen Riemens zu umgeben wußten.

Worauf diese großartige Wirkung beruhte? Lag sie einfach in der Zugkraft einer aufkommenden Mode? — Ich glaube eher, daß wir in dem Verfahren der Riementräger eine uns imponierende Gleichgültigkeit gegenüber den Schulbüchern sahen, waren doch Bardeys mathematische Aufgabensammlung, Ostermanns lateinische Grammatik, der französische Ploetz, der Pflanzen- und der Viecher-Schmeil samt allen Kladden und Heften nicht nur einer rücksichtslosen Deformation durch den Riemen, sondern auch allen Unbilden der Witterung ausgesetzt. — Freilich, aus eben diesen Gründen wurde mir selber von der stets auf Schonung der Sachen bedachten Mutter das Tragen am Riemen streng untersagt, so daß ich mich nie in den hehren Kreis der Riementräger habe emporschwingen können.

Daß es eine gewisse Geringschätzung gegenüber der Schule war, die in der Riementrägerei zum Ausdruck kam, ist um so wahrscheinlicher, als das Verfahren vor allem bei denjenigen im Schwunge war, die ihre Einstellung auch in anderer Weise bekundet hatten. Das waren nämlich die alten Überhälter, die »backen Gebliebenen«. Diesen backen Gebliebenen begegnete man ohnehin schon mit Hochachtung, wenn man nach Ostern die neue Klasse betrat; sie waren älter, wußten mit allem Bescheid, hatten bereits Erfahrungen mit den Nücken von uns anderen noch nicht erprobter Lehrer, ihre Klassenmütze zeigte eine ehrwürdige Patina, während unsere noch in fataler Neuheit strahlte, ja diese Alten trugen vielleicht schon lange Hosen!

Ich weiß es nicht, wann mir zuerst der Gedanke kam, daß mir der Spiegel so ziemlich die langweiligste Visage entgegenhalte, die es überhaupt geben könne. Eigentlich jeden meiner Mitschüler fand ich ansehnlicher als mich selber, und wenn ich in ihm auch nicht gerade einen Adonis sehen konnte, so schien er mir doch interessanter und großartiger — der eine wegen seiner enormen Sommersprossen, der andere seiner düster zusammengewachsenen Augenbrauen wegen, ein dritter imponierte durch eine gewaltig kühne Hakennase; aber auch ein vierter erschien mir anziehend, weil sein Nasenbein geknickt und schief wieder angewachsen war. Ich selber konnte leider mit gar nichts dergleichen aufwarten — höchstens daß mir als einzigem in der Klasse die emporgebürsteten Haare wie bei einer Klosettbürste abstanden, und eben das mochte ich nun wirklich nicht leiden! Ich weiß auch nicht recht zu deuten, wie ich zu solch vergleichenden Betrachtungen, die mich wohl mit zwölf Jahren schon beschäftigten, überhaupt kam. Vielleicht steckte eine Mischung von Minderwertigkeitsgefühl und Eitelkeit dahinter, jedenfalls aber war ich neidlos bereit, die bedeutendere Erscheinung anderer zu bewundern.

Da war vor allem einer, der hatte ganz großartige

O-Beine. Gerade Beine, die konnte ja so ziemlich jeder haben, diese O-Beine aber waren wunderbar:

»Joachim Hans von Zieten,
Husarengeneral,
Dem Feind die Stirne bieten
Tät er wohl tausend mal!«

Das kam mir allemal in den Sinn, wenn er wie ein alter Reitersmann stramm dahinsichelte. Und in der Tat, der Name »August Säbelbein«, mit dem er durch die Schulzeit ging, entbehrte ganz gewiß eines jeden Beigeschmacks von Spott. Der Name entsprang neben sachlicher Feststellung zweifellos auch allgemeiner Hochachtung, welche sein Träger im übrigen auch durch gewaltige Marschleistungen rechtfertigte, die er auf den kühn geschwungenen Gehwerkzeugen beim »Wandervogel« vollbrachte. — Mit O-Beinen nach dem Vorbild August Säbelbeins begnadet zu sein wäre mir damals als besondere Himmelsgabe erschienen.

Aber von den langbehosten alten Überhältern ist noch etwas zu sagen. — Da hatten wir einen — das war in der Untersekunda —, der stand auf solcher Höhe der Verehrung, daß er selbst den Lehrern gegenüber eine nur schwer angreifbare Stellung hatte. Er war ein ruhiger, netter Mensch, frei von Angeberei und Rabaukentum, durch das in jenem Alter mancher andere, wenn auch meist vergeblich, sich für eine Weile ein Ansehen zu geben suchte; derartiges lag

Fiedi Lübker völlig fern, — aber er kam auf einem Motorrad zur Schule!

Was das aber bedeutete, kann man sich schwer vorstellen. Würde heute ein Sekundaner im eigenen Hubschrauber auf dem Schulhof landen, so dürfte der allgemeine Eindruck immer noch hinter dem zurückbleiben, den Fiedi Lübker machte, wenn er auf seinem Untier von Maschine angerollt kam. — In jedem Benzinmotor steckte damals ja noch der böse Geist, und ich kann mich aus jener Zeit außer dem von Lübker überhaupt nur eines zweiten Motorrades aus der ganzen Gegend erinnern.

Lübker war weserabwärts ganz weit draußen in der Marsch zu Hause. Was der arme Junge Tag für Tag auf dem Fahrrad zu strampeln gehabt hatte, würde wohl jeden von uns zwangsläufig zum »Backenbleiben« gebracht haben. Das Motorrad brachte eine Erlösung, — aber ein Biest mit vielen Tücken war es doch!

Wenn Lübker mittags zur Heimfahrt startete oder zu starten versuchte, wurde die Maschine unter großem Geleit auf die Straße geschoben, und die halbe Schule sammelte sich darum herum. Zunächst wurde die Radstütze heruntergeklappt, Lübker bestieg den Sattel, betätigte einige geheimnisvolle Hebel und fing an, im Stand in die Pedale zu »petten«: pft, pft, pft... machte das Ding bestenfalls, pft, pft, pft... und weiter nichts.

»Feste, Fiedi — feste, Lübker!« tönten die anfeuernden Rufe; und Fiedi zwang dem Untier wiederum ein boshaftes pft, pft, pft ab.

Friedi stieg wieder ab, besah die Maschine von allen Seiten, befummelte dies, befummelte das, kletterte schließlich wieder hinauf und begann von neuem zu petten, bis ihm der Schweiß im Gesicht stand. Unversehens gab's dann nach all dem fruchtlosen pft-pft einen Knall, daß wir erschreckt zurückwichen. — Aus! — Und wenn dann doch schließlich der Motor richtig ansprang, mußte Lübker wieder vom Sattel heruntersteigen, half durch Schieben und lief dann an der ganzen Schule entlang neben seinem Untier her, bis er ihm endlich in vollem Lauf auf den Rücken sprang und mit Getöse und einem Gruß aus der dicken Gummihupe um die Ecke verschwand.

Gottlob, das war mal wieder geschafft! Die Versammlung zerstreute sich, und wir konnten nach Hause gehen.

Daß Lübker zu spät zur Schule kam, war sehr häufig. Seine Entschuldigungen: »Mein Riemenschloß war gebrochen«, »Die Zündung wollte nicht« oder »Es war Wasser im Vergaser«, machten auf uns jedesmal tiefen Eindruck, ebenso aber auch auf die Lehrer, und da man solche technischen Mängel nicht gut als Erläuterungen ins Klassenbuch eintragen konnte, blieben die Verspätungen ungeahndet.

Auch in anderer Weise wurde Fiedi, seit er Motorradfahrer war, mit ungewöhnlicher Rücksicht behandelt. »Lübker, können Sie was?« pflegte der Lateinlehrer vorsichtshalber zu fragen, wenn er es für an der Zeit hielt, Fiedi auf den Zahn zu fühlen. — Wenn Fiedi dann »nein« sagte — und das war die häufigste Antwort —, blieb er tatsächlich ungeschoren. Er genoß Heldenverehrung auf ganzer Linie.

# Um die Petroleumlampe

Als ich im letzten Kriege hoch oben im Norden am Petsamofjord lag, wo die Welt beinahe zu Ende ist, habe ich als sorgsamer Vater meiner Batterie auf den Dienstplan das Unterrichtsthema setzen müssen »Handhabung und Pflege der Petroleumlampe«. Dieser Unterricht war wirklich notwendig, und ich habe ihn persönlich übernommen, ohne indessen alles das vorzutragen, was ich jetzt zu erzählen und zu beichten beabsichtige.

Früher, im Elternhaus, da versammelten sie sich jeden Morgen in der Waschküche auf dem »Petroleumschrank« sowie auf dem Tisch daneben, um gefüllt und geputzt zu werden — alle die Lampen des Hauses, so weit sie jeweils in Betrieb waren. Zehn bis zwölf an der Zahl mögen es täglich gewesen sein, große und kleine, bauchige und schlanke, sehr schöne und überaus nüchterne, und eine jede hat ihre besondere Rolle gespielt. — Die beiden ganz kleinen dort, die wie Zwillinge aussehen, diese niedlichen Messinglämpchen mit dem eiförmig gewölbten Zylinder: »Pfenniglämpchen« hießen sie, weil sie nur für einen Pfennig Petroleum am Abend verbrauchten; es mag aber auch noch weniger gewesen sein, denn der Docht war ja nicht dicker als ein sehr dünner Bleistift aus einem Notizbuch. — Die eine stand allabendlich auf der alten Truhe auf dem Flur. Wenn sie ihn auch nicht gerade erhellen konnte, verhinderte sie doch, daß er ganz dunkel war. Und vom Flur aus wurde das Pfenniglämpchen auch zu Gängen durch das Haus benutzt, etwa wenn man noch einen Schütter voll Kohlen aus dem Keller holen oder die Waschküchentür gegen den Garten zuschließen oder zum Klo gehen wollte. Dann mußte man aber immer sehr vorsichtig gehen — das wollte gelernt sein —, und man mußte abschirmend die Hand über den Zylinder halten, damit der Zug das Flämmchen nicht ausblies.

Bei dem Schein des anderen Pfenniglämpchens mußten Tante Gerda und ich als Kinder ins Bett gehen.

Lesen? — Nein, das durften und konnten wir nicht im Bett bei unserm Funzelchen! Die Lampe am Kinderbett, das war überhaupt ein ängstliches Kapitel. Andere als ganz winzige, aber gut feststehende Lämpchen wurden nicht geduldet, denn da war einmal eine Geschichte passiert, die uns unsere Mutter mehrfach schaudernd erzählt hat:

Neben dem Bettchen eines kleinen Jungen in Worpswede — so klein, daß er noch nicht sprechen und kaum laufen konnte — hatte eine brennende Petroleumlampe gestanden; das Mädchen hatte sie dort wegzunehmen vergessen, und die Eltern waren ausgegangen. Das Kind aber hatte indessen, an der Tischdecke zerrend, das Kiekelicht zu sich herunter ins Bett gerissen! — Nein, nein — eine Feuersbrunst hatte es nicht gegeben, die Lampe war glücklicherweise im Sturz erloschen. Aber als die Eltern nach Hause kamen, lag der Bengel zwischen den Scherben von Kuppel und Zylinder in seinen Kissen und soll, was allerdings nicht ganz glaubhaft klingt, zufrieden am Docht gelutscht haben.

Einen sonderbaren Geschmack muß dieser Junge jedenfalls gehabt haben. Von ihm erzählte unsere Mutter auch, daß er, als er ein wenig größer war, mehrfach dabei erwischt wurde, wie er sich die toten Brummer und Fliegen aus der Fensterbank zusammenpickte und aufaß. Ob er sie für Korinthen hielt? — Der Junge war übrigens ich. —

Ja, die lieben alten Lampen! Unter ihrer morgendlichen Versammlung auf dem Petroleumschrank war ein Exemplar, das eine ganz besondere Bedeutung für uns Kinder hatte; — das heißt, was da stand, war nicht die ganze Lampe, sondern nur der breite Petroleumbehälter mit einem stattlichen Brenner und imposanten Zylinder mit kugeliger Aufblasung. Alles übrige, was dazu gehörte, hing in der Kinderstube unter der Decke.

Heute muß ich es mir ja eingestehen: *Schön* war sie eigentlich nicht, diese gute alte Hängelampe, die uns an langen Winterabenden in treue Obhut nahm,

— aber sie war eine bedeutende Persönlichkeit von enormem Gewicht. Sie war aus reich verziertem Bronzeguß und hing, ausbalanciert durch ein schweres Gegengewicht, herauf- und herunterziehbar an einem Kettenwerk von der Decke herab. Ich glaube, alle die wunderlichen Schnörkel und Zierate der Lampe, unter denen sich, angebracht wie Gallionsfiguren der alten Ozeansegler, auch drei pausbäckige Engelsköpfe befanden, könnte ich noch heute beschreiben — so oft hat bewundernd und träumend der Blick des Kindes auf ihnen geruht.

Mit dem Lampenanzünden war man damals noch nicht so rasch bei der Hand wie heute mit dem Anknipsen des elektrischen Lichtes. Es gab noch so etwas wie eine besinnliche Dämmerstunde; dann ließ man Bücher, Schularbeiten oder auch das Spielzeug liegen und sah durch das Fenster der schwindenden Tageshelle über dem Walde nach. Es war ein geruhsames Weilchen des Übergangs, in dem »unser Fräulein«, die wir mit dem liebevoll gemeinten Namen »Süssi« nannten, das Stopf- oder Flickzeug aus der Hand legte und uns wohl Geschichten erzählte oder gar auswendig »Die Bürgschaft von Friedrich von Schiller« deklamierte.

Oft war es darüber fast schon dunkel geworden, bis Süssi endlich zur Streichholzschachtel griff, sich zur Hängelampe über den Tisch reckte und den Zylinder abhob. Das aufflammende Streichholz warf seinen Schein auf ihr gutes Gesicht, verlosch wieder, hatte aber indessen an einer Stelle des Dochtes gezündet und hier ein schwaches, unruhiges Flämmchen hinterlassen; nur langsam erstarkte es, sich weiter um das Rund des großen Brenners herumfressend. Erst in dem Augenblick aber, wo der Zylinder wieder aufgesetzt war, wurde der schwelende Flammensaum zum ruhig strahlenden Licht, das weiter wachsend den Schein schließlich bis in die tiefsten Gründe der Stube reichen ließ. — Dann schraubte Süssi regulierend noch ein wenig den Docht zurecht, auf daß die Flamme nicht zu hoch innerhalb der Kugelwölbung des Zylinders emporleckte, ihn nicht bis zum Knacksen erhitzte und auch nicht zu blaken begann. — Die Gardinen wurden vor die Fenster gezogen; der Abend begann.

Sie hat sich auch mancherlei gefallen lassen müssen, die alte Lampe, und hat geduldig mitgespielt. Schwesterchen Gerda hatte eine Freundin, die hieß Liesel, die war zeitweise mehr bei uns als bei sich zu Hause. Dies phantasiebegabte, blondbezopfte nette Kind im blauen Faltenröckchen brachte uns eines Tages den großartigen Roman »Auf zwei Planeten« von Kurd Lasswitz ins Haus. Das war etwas für mich! Wenn es auch weniger der kulturphilosophische Inhalt war, der mich fesselte, nach dem die ethisch unendlich überlegenen Marsbewohner ein Vorbild für die Lösung von Kolonialproblemen auf dieser Erde geben sollten, so erregte mich doch um so mehr die utopisch-technische Seite des interplanetarischen Verkehrs und hat mir damals weit mehr Eindruck gemacht als heute der erste Raketenschuß auf den Mond. Jedenfalls gab Kurd Lasswitz, der originelle Breslauer Gymnasialprofessor und Physiker die Anregung, daß ich mit den kleinen Mädchen Gerda und Liesel alsbald einen wunderbaren Verkehr zwischen Erde und Mars betrieb, ein Spiel, das uns an manchem Abend immer wieder einen riesigen Spaß bereitete.

Der Mars war die Hängelampe; Tisch und Stühle standen auf dem festen Grund unserer Erde. Von diesem aus wurden zu den Schnörkelarmen der Lampe hinauf Nähgarnfäden gespannt, an denen kleine Gondeln aus Papier hingen, die wiederum an anderen Fäden hinauf- und hinabzuziehen waren. O ja, es ging dabei ziemlich über Mutters Garnrollen her, denn die Entfernungen von den Stubenecken aus zur Lampe waren beträchtlich. — So ein papierenes Raumschiffchen wurde natürlich auch ausgerüstet und bemannt, und zwar mit einem aus Plastilin gekneteten Männchen. Jochen, so hieß der kleine graue Kittkerl, der kühne Weltraumschiffer, der umständlich die Gondel bestieg und vor dem Start, der Bedeutung des Augenblicks angemessen, jedesmal mit großer Feierlichkeit verabschiedet wurde. Ebenso wie bei den Forschern des Dampfers »Holger« hieß es auch bei Jochen: »Leb' wohl, du heldenmütiger Gelehrter, — unsere glühendsten Wünsche begleiten dich!«

Langsam, ganz langsam schwebte dann das Raumschiff empor und um es immer kleiner, immer ferner erscheinen zu lassen, folgten wir ihm mit immer mehr zugekniffenen Augen, kann man doch auf diese Weise den Weg von der Stubenecke zur Hängelampe zu einem schier unermeßlichen machen. Unsere besorgten Wünsche aber für ein glückliches Gelingen der Reise waren in der Tat nur allzu begründet, denn die Weltraumfahrt zur Hängelampe war voller Fährlichkeiten. Da brauchte sich ja nur der Zwirnsfaden festgesetzt zu haben, an dem wir die Gondel aufwärts zogen: Ein kleiner Ruck nur, um ihn zu lösen, — da wurde allzu leicht Jochen schon aus seinem Sitz geschleudert und stürzte durch die grauenhaften Tiefen des Alls zur Erde zurück!

Natürlich hatte Jochen auch mancherlei Proviant und Ausrüstungsgegenstände an Bord, wie Plastilinwürste, Plastilinschinken und geheimnisvolle Apparaturen, die alle an der Landungsstelle auf dem Mars ausgeladen sein wollten, und es läßt sich denken, daß es nicht ohne ernstliche Schwierigkeiten abging, diesen ganzen Kittkram auf den Vorsprüngen der Lampe festzukleben. So manches wertvolle Stück sauste wieder in den Abgrund. Und schlimm, schlimm war es auch, was da manchmal für Kittschmierereien auf dem Mars zurückblieben!

Unsagbar kühn und gefahrvoll waren aber auch die Klettereien, die Jochen von der Landungsstelle aus selber auf dem Mars zu unternehmen hatte, wenn es galt, dessen vielfältige Auswüchse zu erforschen. Auch dabei gab es manch gräßlichen Sturz. Jochen verlor dann oft Arme, Beine oder Kopf und lag zerschmettert auf der Tischplatte. Wir waren zwar anschließend um eine sorgfältige chirurgische Behandlung bemüht, doch lief diese meist auf eine völlige Neugeburt durch Umkneten von Jochens gesamter Leibessubstanz hinaus.

Leider läßt es sich auch nicht verhehlen, daß wir solch grausige Abstürze, sensationslüstern wie wir waren, nicht selten auch absichtlich herbeiführten und daß das ganze Spiel schließlich unter dem Namen »Jochen bricht die Knochen« ging; ich glaube, das war Liesels Erfindung.

Wenige Tage nach der Niederschrift der Geschichte von Jochen und der Hängelampe mußte ich aus beruflichem Anlaß in die alte Heimat reisen und nahm die Gelegenheit wahr, wieder einmal in dem lieben, noch von der Schwester bewohnten Elternhaus zu übernachten. Es war nun ein verfallendes altes Haus geworden, in dessen Antlitz die Jahre, vor allem die Notzeiten des Krieges, überall ihre tiefen Spuren gegraben hatten.

Wie schon seit Jahren, wenn ich dort einkehrte, schlief ich auch diesmal in einem Dachkämmerchen, das früher als Abstellraum gedient hatte. Über dem Bett war eine elektrische Lampe befestigt, eine ziemlich schauerliche Konstruktion, die von meinem Neffen gleich nach dem Kriege nach dem Rezept »man nehme, was man hat« zusammengebastelt worden war. Ihre meisten Bestandteile entstammten offensichtlich der Firma »Blechkuhl und Scherbenberg«, d. h. dem großen Abfallhaufen am Wege zur Stadt, der in der ersten Nachkriegszeit dem findigen Bastler so manches Material liefern konnte.

Doch immerhin, die Schauerlampe gab ein freundliches Licht, und recht behaglich war es, sich bei ihrem Schein vom Bücherbord, das in derselben Kammer stand, das eine und das andere wohlbekannte Bändchen aus der Jugendzeit herunterzulangen, um im Bett darin zu schmökern. Auf jeder Seite nur Vertrautes zu finden und immer zu wissen, wie es gleich weitergeht, das ist so beruhigend und dem Einschlafen förderlich.

Aber warum zog es mir auf die Dauer so kühl um Kopf und Schultern? — Richtig, eine Scheibe des schrägen Dachfensters war ja kaputt! — Als ich das vorletzte Mal, im Winter, hier gewesen war, hatte es sogar eisig von dort gepustet, und schnatternd vor Kälte hatte ich damals ein Stück Pappe unter das Loch gestopft — aber das war nun wohl vom Regen aufgeweicht und längst herausgefallen.

Also stand ich auch diesmal wieder auf und sah mir

den vorher beim Zubettgehen nicht beachteten Schaden an: Natürlich — die Pappe war weg, und die Glas-
scheibe fehlte noch immer; wie hätte es auch anders
sein können!

Dennoch war von Schwester Gerda alles bestens ge-
ordnet, und zwar ebenfalls nach dem Rezept »Man
nehme, was man hat«; denn unter dem zerbrochenen
Fenster stand auf dem Fußboden als Regensammler
ein Geschirr, das man gewöhnlich als Bettpfanne zu
bezeichnen pflegt. Weil aber die ursprünglich für andere Zwecke gedachte Auffangfläche in diesem Fall
zu klein gewesen wäre, hatte Gerda in die Bettpfanne,
mit der kleinen Öffnung nach unten, mit der weiten
noch oben, die prächtige große Milchglaskuppel unserer alten Hängelampe aus der Kinderstube hinein-
gesetzt!

Ich muß gestehen: Diese geniale Lösung — die Lampenkuppel als Sammeltrichter von Regenwasser für
die Bettpfanne, und das Ganze als Ersatz für eine
Fensterscheibe — bereitete mir weit mehr Freude, als
hätte ich eine neu eingesetzte Scheibe vorgefunden.
Und dann das unverhoffte Wiedersehen mit der Hän-
gelampenkuppel vom Mars, nachdem ich erst wenige
Tage zuvor ihrer so lebhaft gedacht hatte! Freilich,
die schweren Bronzegußteile der Lampe waren nicht
mehr vorhanden, wie ich am andern Morgen erfuhr,
— sie waren während des Krieges in die Metallsamm-
lung gewandert.

Aber einige andere der alten Petroleumlampen befanden sich noch wohlerhalten im Hause, — ausrangiert zwar seit vielen, vielen Jahren, doch liebevoll aufgehoben, denn niemand hätte es übers Herz gebracht, sie wegzuwerfen.

Gleich in dem Wandschrank, der zu meiner Dachkammer gehörte, in dem sogenannten »Hock«, sah ich die eine von ihnen wieder.

Da stand sie nun wahrhaftig, meine eigene alte braune Tischlampe, die so lange Jahre das ihre getan hatte, um mich bei den französischen, lateinischen, englischen Schularbeiten sowie bei Mathematik und Physik zu erleuchten! — Ob wohl noch ein Rest von Petroleum darinnen war? — Nein, natürlich nicht — mit entzündlichem Stoff hätte die sorgsame Schwester die Lampe nicht hierhergestellt. Und wenn schon, so wäre das Petroleum wohl seit Jahrzehnten verdunstet. Die Lampe noch einmal anzuzünden, diese Freude mußte ich mir versagen.

»Gott sei Dank«, denkt ihr Kinder, die ihr dieses lest, »Gott sei Dank, daß sie leer war, sonst hätte uns der Alte das Ding voller Rührung auch noch brennend beschrieben!«

Gemach, liebe Kinder, die ihr nichts anderes kennt, als mit »knips« oder »knack« jederzeit aus Dunkelheit Licht zu machen. Was wißt ihr denn vom Wesen der lebendigen Flamme einer Petroleumlampe und davon, daß die Lampe, die täglicher Nahrung, täglicher Pflege bedarf, uns wie ein Freund vor Einsamkeit bewahren kann? Unsere Mutter erzählte aus ihrer Kinderzeit, wie sie oftmals nur mit der Lampe als ihrer Freundin Halma oder Mühle gespielt und im Wechsel von Zug und Gegenzug Zwiesprache gehalten habe.

Und ihr lächelt nun, liebe Kinder, über Vaters alte Petroleumlampen und meint gar, sie seien primitiv gewesen? — Nein, ihr Lieben, so primitiv waren diese Lampen durchaus nicht; glaubt nur nicht, die Leute hätten früher nicht sehr sorgfältig darüber nachgedacht, wie ein so wichtiges Gerät möglichst vollkommen zu entwickeln sei. Es stecken sogar ganz ausgekochte Tüfteleien in der Konstruktion einer besseren Petroleumlampe, wie Vater sie auf dem Schreibtisch stehen hatte! Das muß ich euch doch erklären, und mögt ihr nicht zuhören, so tue ich es für mich selber.

Seht doch noch einmal die kleine Pfenniglampe an: Die ist allerdings in ihrer Bauart ziemlich einfach, weil man auch nicht mehr von ihr verlangte als eine bescheidene Helligkeit bei sparsamstem Petroleumverbrauch. Darum hat das Lämpchen einen einfachen runden Baumwollstrang als Docht. Dieser Docht darf aber durch seine Saugwirkung weder zu wenig, noch zu viel Petroleum zur Flamme emporheben. Wäre es zu wenig, so würde der Docht bald verkohlen, wäre es zu viel, so würde er schwitzen und schmieren.

200

Die genau richtige Saugwirkung entwickelt der Docht nur dann, wenn die Flamme auch in der angemessenen Höhe über dem Petroleumbehälter liegt. — Na schön, daraus ergibt sich also ein bestimmtes Größenverhältnis von der Dicke und Höhe des Dochtes und dem Niveau des Petroleums.

Wenn man nun aber eine *hellere* Lampe haben möchte — könnte man dann eine solche nach dem Muster unseres Pfenniglämpchens einfach größer bauen? — Könnte man schon, aber das tut man nicht, das wäre unklug! Denn seht, wenn der einfache massive Runddocht dicker gemacht würde, so würde er zwar mehr Petroleum ansaugen, aber es würde mit zunehmender Dicke auch verhältnismäßig weniger Luft zur Flamme gelangen, und das wäre ungünstig.

Aber seht einmal *dieses* Lämpchen hier; das gehörte zu unserer alten Laterna magica, der Zauberlaterne, oder »Projektor«, wie man heute sagt. Klein ist das Lämpchen auch, aber es hat keinen runden, sondern einen breiten bandförmigen Flachdocht. Dadurch wird die Sauerstoffzufuhr viel günstiger, und das Licht wird heller. — Ähnlich ist die Sache auch bei dieser alten Stall-Laterne, mit der wir in den Hühnerstall oder in den Garten gingen.

Aber seinen Nachteil hat ein solcher Flachdocht auch, denn wegen seiner großen Oberfläche kühlt er ziemlich stark ab. Darum ist ein kluger Mann auf den Gedanken gekommen, den ihr bei den besseren Tischlampen ausgeführt findet: Der sehr breite Flachdocht ist hier zu einem Hohlzylinder zusammengebogen, dadurch bekommt die Flamme sowohl von außen wie von innen Luft und kühlt doch nicht zu sehr ab. Das ist doch wirklich schlau gemacht, wie der Docht, der unten als breites aufgefasertes Band in den Petroleumbehälter hineinhängt, nach oben durch das konisch zulaufende schöne messingne Brennrohr zu einem geschlossenen Kreis zusammengeführt wird! Ist nicht überhaupt so ein anständig geputzter Messingbrenner mit dem fein durchbrochenen Gitterwerk des Zylinderhalters ein ganz entzückender Gegenstand? Man könnte ihn sich als Schmuckstück um den Hals hängen. Und alles kann man zum Blankhalten bestens in seine Bestandteile auseinandernehmen!

Na, und nun der Glaszylinder! Das ist auch ein äußerst wichtiges und fein ausgeklügeltes Stück. Er regelt wie ein Schornstein den Luftzug für die Flamme. — Warum er dicht über der Mündung des Brennrohres solch starke Einschnürung besitzt? — Nun, durch diese Einschnürung wird die von unten angesogene Luft wie durch ein Gebläse mit großer Energie fast horizontal gegen die Flamme gelenkt, die dadurch viel Sauerstoff zur Verbrennung erhält. Von der richtigen Form und Größe des Zylinders hängt ganz wesentlich die Helligkeit der Lampe ab. Und wenn er nicht genau der Lampe angemessen ist, macht er auch meist »knacks« und springt kaputt. —

Was haben wir nicht allein schon mit den Pfennig-lämpchen für traurige Scherereien gehabt, als dafür nicht mehr die richtigen Zylinder zu haben waren!

Aber seht mal, bei *dieser* Tischlampe ist noch etwas Besonderes zu sehen. Diese Lampe war besonders hell. Und warum? Über dem Hohldocht sitzt auf einem Stiel ein horizontales rundes Metallscheibchen, so groß wie ein Fünfzigpfennigstück. Wenn nun der Luftstrom mächtig von unten durch das Brennrohr angesogen wird, dann wird er durch das Metall-scheibchen abgelenkt und pustet nach außen gegen die Flamme, die dadurch mächtig vergrößert und aus-gebaucht wird wie eine Tulpe. Und darum hat denn auch der Zylinder an dieser Stelle so eine dicke Auf-blasung in Tulpenform.

Ach Kinder, es gäbe noch viel Interessantes vom Bau der Petroleumlampe zu berichten, aber ich den-ke, wir wollen es genug sein lassen. Und wenn ich euch gar noch erzählen wollte, wie man mit ihr um-zugehen hatte, und sagen müßte, daß man mit der Lampe auch sehr ernsthafte Gespräche führen konn-te, daß sie einem in mancher Stunde zum Berater und Tröster wurde — weil sie nämlich so etwas wie Seele hatte —, dann würdet ihr doch nur denken: »Nun wird der Alte sentimental!« — Also lassen wir das!

Das aber werdet ihr ja wohl gemerkt haben, daß man vor Vaters alten Lampen durchaus den Hut ab-nehmen darf; primitiv waren die ganz gewiß nicht!

Und schön konnten sie auch sein; sehr schön sogar! —
Gab es denn etwas Vornehmeres als die hohe, schnee-
weiße Milchglaslampe mit ihrem schlanken Fuß auf
festlich gedecktem Abendtisch, wenn Gäste geladen
waren? Und wenn dazu noch die Kerzen auf dem von
eurem Großvater selbst gefertigten Kronleuchter
brannten? »Die große Lichterzahl« nannten wir, als
wir noch klein waren, diesen Kronleuchter und dachten dabei an das schöne Weihnachtslied vom alten
Overbeck, dem Bürgermeister von Lübeck zur Fran-
zosenzeit. — Ja, es war über die Maßen feierlich, wenn
die hohe weiße Petroleumlampe und »die große Lichterzahl« brannten, — war aber auch nur ebenso sel-
tenen Gelegenheiten vorbehalten wie die gläsernen
Puddingteller mit Goldfüßchen und die zugehörige
Schale, aus der Tante Gerda getauft worden war.

Wenn die »Hohe Weiße« geputzt und frisch mit
Petroleum gefüllt wurde, dann stand etwas bevor im
Hause, dann roch es auch bald nach Entenbraten,
nach Spickaal oder sonst etwas Ungewöhnlichem,
dann wurde der alte spanische Rotwein aus Navarra
aus dem Keller geholt und in die funkelnden Kristall-
karaffen gefüllt, und manchmal wurde auch die rie-
sige Bratenglocke mit dem Untersatz aus »Kaiser-
zinn« geputzt, die euer Urgroßvater in den siebziger
Jahren aus England mitgebracht hatte. Das war ein
Ding! Der Untersatz war hohl und durch eine Klappe
sehr praktisch mit heißem Wasser zu füllen. Auf der

gewaltigen Schüssel aber war ein ganzes Flußsystem mit Hauptstrom und Nebenflüssen eingetieft, das den köstlichen Bratensaft sammelte, um ihn am Ende der Schüssel einem kleinen See zuzuführen, aus dem man schöpfen konnte. Und dann der Deckel über dem Ganzen — eine wahre Bahnhofshalle war das, unter der sich eine normale Gans fast schon ein wenig verloren vorkommen mußte. — Aber wie gesagt, oft haben wir Kinder diesen Bratenbahnhof nicht in Betrieb erlebt. Seine Glanzzeit muß er zu Zeiten des Großvaters, des Lloyd-Direktors, gehabt haben. Im Malerhaushalt unserer Eltern trat er nur noch selten und nach dem Tode des Vaters kaum mehr in Aktion.

Ja, die Hohe Weiße auf dem festlich gedeckten Abendtisch — sie wirkte auch deshalb so besonders stilvoll inmitten von Porzellan und schimmernden Gläsern, weil sie selber — abgesehen natürlich vom Brenner — ganz aus Glas bestand. Sie war die einzige unserer Lampen, deren Kuppel nicht von Metallstreben, sondern von einem gläsernen Boden getragen wurde und darum auch keinerlei Schatten auf das Damasttischtuch fallen ließ. Um so reiner fiel ihr Schein auf einen Tischläufer, wie ich ihn in solcher Art nirgendwo wieder getroffen habe.

Ein weißer Läufer war es, der über die Länge der Tafel reichte, auf dem die erstmalig in unserm Elternhause weilenden Gäste mit Bleistift ihren Namen zeichneten. Von unserer Mutter wurden diese Namenszüge später sorfältig in Stielstich nachgestickt, teils rot, teils blau, so daß auf solche Weise eine Art Gästebuch geführt wurde, das vor anderen bedeutende Vorzüge hatte: für den Gast zunächst denjenigen, daß ihm anstelle geistiger Zwangsprodukte im Augenblick mehr oder weniger eiligen Aufbruchs nichts weiter als sein Namenszug und ein Datum abverlangt wurde. Dem Gastgeber hingegen bot der Läufer die ziemliche Sicherheit, daß solche Eintragungen nicht vergessen würden und auch nicht auf die in Gästebüchern oft so peinliche Sammlung von Danksagungen hinauslaufen konnten, »wie schön es doch gewesen sei« und dergleichen. Vor allem aber bot der schon in der Worpsweder Zeit begonnene Läufer mit den auf der Tafel vor Augen liegenden Schriften immer wieder einen anregenden Gesprächsstoff. Der eine entdeckte vor seinem Teller den Namen Rainer Maria Rilke, der andere Carl Hauptmann, ein dritter Fritz Mackensen oder Otto und Paula Modersohn oder den Pianisten Egon Petri, von dem man dann erzählte, wie er seinen großen Konzertflügel auf einer alten Worpsweder Bauerndiele aufschlug und zum behaglichen Gebrumm der Kühe spielte. — Ebenso führten aber die Namen von Onkeln, Tanten, Vettern und Basen zu einer abwechslungsreichen Familienunterhaltung. Und was man kaum hätte glauben sollen — hübsch anzusehen war das regellos zusammengewachsene Mosaik der bunten Schriftzüge auch, wirkte es doch ähnlich, als hätte man bunte Blumen über die Tafel gestreut.

Dieser Tischläufer war entschieden eine treffliche Erfindung meiner Eltern. Was aber das meist übliche Gästebuch betrifft, das so leicht zum »Gästeschreck« werden kann, so fällt mir hier die Erzählung eines Freundes ein, in dessen Elternhaus der Dichter Richard Dehmel zu Gast gewesen war. Natürlich war ihm das Gästebuch aufs Übernachtungszimmer gelegt worden. Am andern Tag las die Familie, gespannt, was der berühmte Mann geschrieben habe, die bedeutenden Worte:

> »Nach halbstündigem scharfem Nachdenken:
> Richard Dehmel«.

Doch zurück zu den Petroleumlampen: Während in der Eßstube die »Hohe Weiße« die reine Schönheit oder Gerdas rosengeblümte kleine Porzellanlampe jungmädchenhafte Anmut verkörperte, stellte sich die Lampe in der Küche leider als Muster ebenso vollkommener Häßlichkeit dar. — Das Ding stand auf einem kleinen Bord in spritzsicherer Höhe über dem Aufwaschtisch, konnte aber auch über dem Herd einfach an einem Nagel an die Wand gehängt werden. Ich will sie nicht in allen Einzelheiten beschreiben, sie hatte nichts Originelles, es sei denn, daß man als solches das bis zum äußersten getriebene Prinzip der Sparsamkeit gelten lassen will, nach dem sie konstruiert war. Der Brenner war gerade groß genug, daß

das Licht nach damaligen Begriffen für die Küchen-
hantierungen so eben ausreichte. Um nichts davon
verlorengehen zu lassen, fehlte nicht allein eine für
die Augen wohltätige Kuppel, sondern war hinter dem
Brenner noch ein Blechreflektor angebracht, der das
nackte Licht in den Raum warf. — Heute schwer begreiflich, warum man sich damals mit solcher Dürf-
tigkeit in der Küche begnügte. Wie oft mußte man
diese Petroleumfunzel in die Hand nehmen, um Mutter in den Kochtopf zu leuchten! Und das war nicht
etwa nur bei uns so. Ich habe nirgendwo andere als
diese völlig gemütslosen Einheitsküchenlampen im
Gebrauch gesehen, an denen offenbar niemand Anstoß
nahm — und wir Kinder schon gar nicht, die wir allabendlich bei ihrem Schein unsere Milchsuppe mit
Grieß, Maizena oder Reis am Küchentisch zu löffeln
hatten.

# Und nun die Karbidlampe!

Im Ersten Weltkrieg wurde das Petroleum knapper und knapper, die Zahl der täglich diensttuenden Lampen rasch geringer, die einzige schließlich noch benützte Tischlampe kleiner und kleiner, und der Personenkreis um dieselbe mußte enger und enger zusammenrücken. — Mutters Strümpfestopfen und Flicken, Gerdas Schularbeiten, meine Vorbereitung zum Abitur oder das Klavierüben — das alles fand gleichzeitig beim Schein von Mutters hübschem kleinem Messinglämpchen statt, und wenn man den Tisch ans Klavier rückte, die Lampenkuppel schräg stellte, so daß auch die Noten etwas Licht erhielten, so war jedem von uns ganz leidlich gedient. Ja, aus der Erinnerung will es mir scheinen, als hätten wir das nahe Vereintsein um die trauliche kleine Lichtquelle sogar mit besonderem Behagen genossen.

Als dann freilich die Zeiten kamen, in denen uns in allzu langen Abständen Bezugsscheine mit den Worten bewilligt wurden: »Die Witwe Overbeck hat ¹/₂ Liter Petroleum bei Herrn Kaufmann Ferdinand Schreiber in Empfang zu nehmen«, da war es praktisch mit der Petroleumlampe überhaupt vorbei; nur das treue Pfenniglämpchen bekam noch seine bescheidene Zuteilung, und höchstens bei ganz besonderen Gelegenheiten durfte auch Mutters kleine Messinglampe ihr Licht noch leuchten lassen. Für den Alltag hatte die Karbidlampe ihre Herrschaft angetreten. Und »Herrschaft« ist auch nicht zu viel gesagt!

So brauchbar im großen und ganzen die Karbidlampe am Fahrrad gewesen war, zumal ihr Gestank einen im Freien nicht weiter behelligen konnte, so wenig galt dies für die Tischlampe, der offenbar die nötige Entwicklungszeit gefehlt hatte, als nun eine plötzliche Massennachfrage einsetzte. Auch mangelte es an den nötigen Materialien, die für eine solide Herstellung Voraussetzung gewesen wären.

Wir hatten eine Lampe simpelster Machart erstanden. Wie soll ich sie beschreiben? Eine Art Taucherglocke aus Eisenblech, so groß wie eine Kinderfaust, war in der Längsachse von einem bleistiftstarken Rohr durchzogen. In der Wölbung der Glocke war das Rohr eingeschweißt, trug oben den Brenner und unten ein Gewinde, in das der Boden der Glocke — einfach eine runde Scheibe — einzuschrauben war. Die Glocke wurde, indem man sie umgekehrt in der Hand hielt, mit Karbidstückchen bestickt, der Boden wurde mäßig fest zugeschraubt, dann das Ganze in eine halb mit Wasser gefüllte, grün lackierte Blechdose gesetzt — und fertig war die Laube!

Nun wartete man voller Spannung ein Weilchen. — Da der Bodenverschluß bei mäßigem Anziehen ein wenig Wasser in die Glocke eintreten ließ, begann das Azetylen-Gas sich zu entwickeln und fand durch eine kleine Bohrung den Weg in das Achsenrohr und damit zum Brenner. Der mit Hochachtung zu behandelnde Brenner hatte so etwas wie zwei kleine Nasenlöcher; wenn es aus diesen hinreichend stank und fauchte, zündete man an und starrte beobachtend in die stechend weiße, schwalbenschwanzförmig sich ausbreitende Flamme. Alles kam nun darauf an, daß Wasserzutritt und Gasdruck in einem vernünftigen Gleichgewicht blieben.

Na ja, vorläufig scheint es ja zu funktionieren. Man setzt, des grellen Lichtes wegen, einen provisorischen Papierschirm vor die Lampe, und ein jeder beginnt mit seiner Beschäftigung.

Mutter, mit dem Flickkorb neben sich, zielt mit einem Wollfaden auf das Öhr der Stopfnadel und überlegt, mit was für einer Mogelsuppe sie uns morgen wieder leidlich satt kriegen soll. — Gerda lernt halblaut »Das Lied von der Glocke«, und ich übe aus der Beethoven-Sonate As-Dur, Op. 26, an dem aufregenden letzten Satz herum und ärgere mich über die Stolperei der linken Hand.

Plötzlich wird es duster; die Lampe liegt in den letzten Zügen. Und dann, mit einem Laut, wie wenn man einen kleinen Knall durch die Lippen bläst, geht sie ganz aus. Wir haben ihr doch zu wenig Wasser gegeben!

Im Dunkeln angelt man nach der famosen Taucherglocke, hebt sie aus der Blechbüchse, kleckert dabei,
wie sich später zeigt, etwas Wasser über das Lied von
der Glocke und dreht mit Zartgefühl den Bodenverschluß ein klein wenig loser — aber ja nicht zu viel!

Streichhölzer sind knapp, — also wird mit dem Fidi-
bus Feuer vom Ofen geholt. So, nun brennt sie wieder.
Nicht ohne zuvor noch einen langen mißtrauischen
Blick auf den Brenner zu tun, nehmen wir unsere Tätigkeiten wieder auf. Ich blättere im Beethoven nach
einem friedlicheren Stück herum. — Gerda murmelt:

»... Daß die eingepreßte Flamme
Schlage zu dem Schwalch herein; —
Mutter, was ist 'n Schwalch?«

»Sag bloß nichts laut von eingepreßter Flamme«,
denke ich noch, — und da wächst sie auch schon fau-
chend zu beängstigender Größe empor.

Buller, buller, buller — buff, geht es da im Wassertopf, — die ganze Taucherglocke wackelt. — Und das
stinkt!

Das war also zuviel Wasser, was die Lampe bekommen hat.

Während Mutter ein Fenster zum Lüften öffnet,
tragen wir die Lampe vorsichtig in die Waschküche,
machen dort die Tür zum Garten auf, zünden vorsorg-
lich das treue Pfenniglämpchen an, blasen dann unter wiederholtem heftigem Pusten die Karbidlampe
aus, heben sie aus dem Wassertopf und schrauben

mit besonderer Delikatesse den Bodenverschluß wieder etwas, ganz etwas, strammer.

Zurück in die Stube; hier ist die Luft inzwischen rein aber kalt geworden. »Karbi« — das amüsante Scheusal hat tatsächlich diesen Kosenamen — scheint sich nun anständig benehmen zu wollen.

Mutter stopft, überschlägt wohl in Gedanken, wie viele Kartoffeln morgen für die Steckrübensuppe spendiert werden dürfen; ich spiele etwas Sanftes, Leises; Gerda murmelt wieder lernend vor sich hin. Es ist ausgesprochen gemütlich.

> »O zarte Sehnsucht, süßes Hoffen,
> Der ersten Liebe goldne Zeit,
> Das Auge sieht den Himmel offen,
> Es schwelgt das Herz in Seligkeit.«

Die erste Liebe macht auf Gerda wohl noch keinen sonderlichen Eindruck, um so mehr aber die beiden letzten Zeilen.

»Ach Mutter«, sagt sie, »das Auge sieht den Himmel offen, es schwelgt das Herz in Seligkeit — das stelle ich mir so vor, wie wenn man vor Peter einen großen fetten Schweinebraten hinstellt!« —

Mit dem Peter war ich gemeint. — Du liebes selbstloses Schwesterchen, das hab ich dir nach 42 Jahren noch nicht vergessen: Auch dein Herz hätte im Kriegswinter 1916 vor einem Schweinebraten geschwelgt, — und doch dachtest du zuerst an deinen hungrigen Bruder!

Unser »Karbi« scheint jetzt ganz vernünftig zu sein. Mutter hat ihren Stopfstrumpf beiseite gelegt und zur »Norddeutschen Volkszeitung« gegriffen. — Hört mal, was hier steht, sagt sie: »Ein seltsames Verfahren zur Bekämpfung von Ratten, welche unter einem Zimmerfußboden Quartier genommen hatten, hat sich ein Landwirt in B. in Holstein ausgedacht. Er bohrte die Fußbodenbretter an mehreren Stellen an, füllte Karbid und Wasser in die Löcher und verschloß dieselben mit Stopfen. Es dauerte nicht lange, bis der Fußboden unter die Zimmerdecke flog; aus dem verwüsteten Raum aber entflohen unversehrt die Ratten.«

Das war ja eine tolle Geschichte; wie kann man nur! —

Aber was macht denn unser »Karbi« schon wieder für eine Schweinerei? Igittigitt, — aus dem einen Nasenloch ihres Brenners wächst jetzt eine kohlrabenschwarze Schlange heraus, und das Licht wird dunkler und dunkler. Ich puhle die Schlange mit einer Nähnadel herunter, doch das Loch bleibt verstopft. — Ob wir doch wieder etwas mehr Wasser geben? Vielleicht reinigt sich das Loch mit steigendem Gasdruck von selber?

Ich hebe die Taucherglocke aus dem Wasser und lockere wieder ein wenig die Verschlußscheibe: Irrtum, von wegen Selbstreinigung!

Aus dem andern Nasenloch zischt es fürchterlich, die Flamme faucht schief zur Seite. Und: buller, buller, buller geht es wieder im Wassertopf. Die ganze Stube stinkt. Doch nicht nur das, »Karbi« hat noch weitere neckische Scherze auf Lager. Mit einem »puff« entzündet sich nun eine neue Flamme an der Verschraubungsstelle des Brenners mit dem Rohr. Das ist ja nun ganz übel!

Aber plötzlich ist der ganze Spuk wieder vorbei; es wird duster; die Flamme kriecht in sich zusammen, verlischt mit einem winzigen Knall aus dem nicht verstopften Nasenloch, und damit ist »Karbi« für heute endgültig abgesoffen.

# Großmutter

Großmutter — sie war unseres Vaters Mutter — besaß ein Haus in der Lützowerstraße, einer der ruhigen Wohnstraßen der westlichen Vorstadt von Bremen. Jeder Bremer Bürger, auch wenn er es zum ersten Mal betrat, wußte sogleich, wo er die Wohnstube, die Eßstube und den »Salon« finden würde. Er hätte auch von vornherein gewußt, wo — die Treppe hinauf — die Schlafzimmer lagen und wie — die gewundene Treppe hinab — Küche, Waschküche, Vorratsraum und Kohlenkeller angeordnet waren; auch hinter welcher Tür sich das »Privé« verbarg, hätte er nicht erst peinlich zu erfragen brauchen. —

Das Haus entsprach eben in allem dem behaglichen, tausendfach bewährten Typus jener kleinen Einfamilienhäuser, welche einander alle sehr ähnlich waren und im Städtebau damaliger Zeit als »Bremer Häuser« in Deutschland zu einem besonderen Begriff geworden waren. Sie boten keinem Bremer eine Überraschung, um so mehr aber das Gefühl vertrauter Heimeligkeit. Auch das gehörte dazu, daß sich hinter dem Hause, und nicht breiter als dieses, ein langer freundlicher Garten erstreckte. Da aber zu allen anderen Häusern der Straße ähnliche Gärten gehörten und an diese wiederum die Gärten der nächsten Straße stießen, ergab sich insgesamt ein sehr ausgedehntes grünes Revier, über das sich Obstbäume, Ziersträucher, Blumen- und Gemüsebeete verteilten und in dem es auch weder an Vogelsang noch an Hühnergegacker mangelte. — Freilich, nur von höher gelegenen Fenstern aus konnte man diese Gartenwelt als Ganzes überschauen; stand man zu ebener Erde, so war der Blick beträchtig eingeengt, denn manche der Gartenbesitzer hatten sich durch mannshohe Holzplanken der Sicht der Nachbarn entzogen. Und weil diese Plankenzäune stets mit Teer oder Karbolineum dunkel gestrichen waren, fingen sie wundervoll die Sonnenwärme ein und eigneten sich trefflich, um Äpfel, Birnen oder Kirschen am Spalier zu ziehen.

Großmutters langer Garten bestand zum großen Teil aus Rasen, durch den sich mit Buchs eingefaßte Wege schlängelten, und auf dem ein paar mächtige Birnbäume standen. Ich kann mich nicht erinnern, jemals saftigere, wohlschmeckendere Birnen gegessen zu haben als die »Großmutterbirnen«, welche im Herbst waschkorbweise von diesen Bäumen geerntet und auch zu uns nach Bröcken geschickt wurden.

Es dürfte im Jahre 1911 gewesen sein — und Großmutter war damals 83 —, als Mutter einen der Besuche in der Lützowerstraße damit verband, mit uns den ersten in Bremen stattfindenden »Flugtag« zu besuchen, um fliegende Menschen mit Flugapparaten zu sehen, die schwerer als die Luft waren. Es müssen auch gerade Schulferien gewesen sein, denn schon am Morgen des Vortages traten wir die Fahrt an. — Am Bremer Hauptbahnhof stieg man in die Elektrische, welche »Ringbahn« hieß, und fuhr in der Düsternstraße, leider viel zu schnell, an einem Hause vorbei, das jedesmal unsere Bewunderung erregte — war doch über die ganze Giebelwand in allen Einzelheiten genau ein riesiger blauer Hundertmarkschein gemalt, weil hier ein Mann namens Christian Hundertmark eine Gastwirtschaft betrieb.

Am »Panzenberg« mußten wir wieder aussteigen. Der »Panzenberg«, — das war auch so ein seltsamer Name, der unsere Phantasie erregte und uns die Vorstellung eingab, daß es hier von unartigen Kindern nur so wimmeln müsse.

Vom Panzenberg aus waren es nur noch wenige Minuten bis zu Großmutters Haus zu gehen, und diese Minuten benutzte Mutter gewöhnlich, um uns noch einmal dringlich einzuschärfen: »Daß ihr mir aber nichts über die Butter sagt!« —

Auf das Klingeln an der Haustür erschien das gute, freundliche Gesicht von Großmutters alter Luise im Türesspalt sie hakte die Vorlegekette auf und sagte: »Frau Direktor wartet schon!« Dann führte Luise uns in die nach der Gartenseite gelegene Wohnstube. Großmutter erhob sich aus ihrer Sofaecke, zwar etwas mühsam, doch um so weniger entsprach ihren

Jahren die frische Art, mit der sie uns begrüßte. Mit einem akkuraten schwarzen Spitzenhäubchen auf dem weißen Haar, mit ungemein lebhaftem Blick aus dem energischen, doch zierlich geschnittenen Gesicht war sie im hohen Alter noch eine sehr hübsch, ja anmutig anzusehende Frau. Gern und oft verzogen sich die Fältchen um ihre hellen, lebendigen Augen zu einem herzlich fröhlichen Lachen.

Bald wurden wir in die kleine Eßstube hinübergewiesen, wo der gedeckte Tisch bereit stand. Großmutter selber, die ihre Tischzeit nicht gerne verschob, hatte bereits zu Mittag gegessen, versah aber die Hausfrauenpflichten durch die offene Wohnstubentür von ihrer Sofaecke aus ebenso, als ob sie unter uns säße:

»Hermine, du nimmst ja so wenig von den Bohnen!« — »Ach, nun hat Luise wieder das Beefsteak nicht genug geklopft!« — »So nimm doch ordentlich von der braunen Butter, Fritz!« — »Ja, ja, die neuen Kartoffeln hätte Luise doch besser schälen anstatt schrappen sollen!«

Sehen konnte Großmutter von ihrem Sofa aus zwar nichts von alledem, was solche Ermahnungen betraf, doch gehörte das hausfrauliche Nötigen und ja wohl auch eine gewisse Kritik an den Speisen nun einmal dazu.

Im übrigen kam aus Großmutters vortrefflicher Küche so manches auf den Tisch, was es bei uns zu

Hause nicht gab und mir auch anderswo später nicht wieder begegnet ist. So ist mir als etwas Köstliches eine Biersuppe mit Korinthen und braunen Bröckchen in der Erinnerung. Auch ein fester Reispudding gehört dazu, der in einer goldgelben Decke von gestoßenem Zwieback ganz prächtig aussah, nach Mandeln schmeckte und mit Weinschaumsoße umgossen wurde. Oder wo gab es sonst so herrliches Birnenkompott, leicht mit Nelken und Essig gewürzt?

Nach dem Mittagessen wurde Ruhe gehalten. Großmutter besah sich auf ihrem Wohnstubensofa von innen, Mutter legte sich im oberen Stockwerk auf ihr Bett; wir Kinder aber hatten uns in der vorderen roten Stube mucksmäuschenstill zu verhalten. Obgleich diese Stube mit ihrer feierlichen Würde von rotem Mahagoniholz, Plüsch und Spiegelglas eigentlich nicht eine Kindern gemäße Atmosphäre abgab, bot sie doch viel Interessantes. Dort stand unter dem Mahagonisofa ein großer Kasten mit stereoskopisch zu betrachtenden Photographien aus vielen Teilen der Welt. Wir zogen ihn hervor, holten aus dem Mahagonibücherschrank das zugehörige Stereoskop — auch dieses aus Mahagoni — und begaben uns auf die Reise:

Zuerst in den Harz, dann ins schottische Hochland, dann zur Weltausstellung nach London; wir traten in den Kölner Dom, besuchten die Peterskirche in Rom, gondelten auf dem Canale grande und sahen

die Seufzerbrücke in Venedig; wir waren bezaubert
von den Lotosblumen am Nil, welche ganz wunderbar plastisch ihre herrlichen Blätter über spiegel-
blankes Wasser hoben; wir bewunderten die größten
und dicksten Bäume der Welt in Amerika, sahen eine
halbe Meile aufgehängter Schweine im Schlachthaus
zu Chikago und bestaunten schließlich sogar den halben Mond mit seinen Gebirgen und Kratern, so wie
man ihn durch ein ganz großes Fernrohr sieht.

O ja — mit diesem »Fernsehgerät« konnte man
etwas erleben und lernen, während Großmutter nebenan ihren Mittagsschlaf hielt! — Und von Zeit zu
Zeit pinkte die zierliche Pendüle ihren noch zierliche-
ren Viertelstundenschlag in die Stille. Diese entzük-
kende Uhr samt einer vergoldeten Minerva stand
unter einer Glaskuppel auf der Marmorkonsole zwischen den Fenstern, und da sich hinter ihr ein mächtiger Wandspiegel erhob, konnte man als Spiegel-
bild auch sehen, wie die Uhr auf ihrer Rückseite,
durch ein leises Schnurren vorbereitet, ein goldenes
Hämmerchen erhob und gegen ein goldenes Glocken-
schälchen fallen ließ.

Wo ist sie geblieben, diese schöne Uhr? — Verstei-
gert worden ist sie nach Großmutters Tode — zur
Auktion gegeben, zusammen mit so manchen anderen gediegenen Stücken einer vergangenen Bürger-
kultur, für die wir in unserem Bröckener Hause damals keinen Platz zu haben glaubten. — Wenn ich

heute vor den Schaufenstern von Antiquitätenläden stehe, geschieht es bisweilen, daß sich unter den Auslagen altertümliche Uhren aus der Verwandtschaft von Großmutters vergoldeter Minerva-Pendüle befinden. Aber nie ist es die rechte, die ich dann gerne zurückkaufen und in unser Wohnzimmer stellen möchte!

Ja, Uhren! — Großmutter schläft noch, — und deshalb bleibt Zeit genug, noch von einer anderen Uhr zu berichten, die aus ihrem Hause stammt. Es ist die goldene Taschenuhr, die ich gegenwärtig trage und die einst — es muß um 1870 gewesen sein — meinem Großvater als Ehrengeschenk vom Norddeutschen Lloyd übergeben wurde. Ein kostbares und seltenes Stück ist es, das mit dem Schlüssel an zwei verschiedenen Stellen aufgezogen wird, weil es ein unabhängiges Sekundenwerk besitzt. Dieses Sekundenwerk aber läßt sich dank einer besonderen Vorrichtung arretieren und wieder einschalten, so daß die Uhr auch als Stoppuhr zu benutzen ist, — wenn auch nur zum Messen ganzer Sekunden. Doch wem wäre es vor hundert Jahren auch wohl eingefallen, die Zeit noch weiter in Bruchteile von Sekunden zerpflücken zu wollen?

Dieser »Taschenchronometer«, wie er genannt wurde, muß für Großvater außerordentlich viel bedeutet haben, denn nach seinem frühen Tode hielt unsere Großmutter die Uhr wie ein Heiligtum verwahrt, das sie erst nach mehrfachen Anläufen ihrem Sohn, also unserm Vater anzuvertrauen vermochte. — Vater bekam die Uhr nach bestandenem Abiturientenexamen, — doch nur für ein paar Tage, dann nahm Großmutter sie ihm wieder fort, weil der Junge doch wohl noch zu klein sei. Zu seiner Hochzeit erhielt er sie zum zweiten Male, — aber wiederum kamen Großmutter nachträgliche Bedenken, so daß Vater die Uhr zum dritten Male und endgültig erst dann ausgehändigt bekam, als ihm ein Sohn in der Wiege lag. — Und auch dieser Sohn, das bin ich, hat das Erbstück erst in wiederholten Anläufen bekommen, wenn es diesmal auch mehr in scherzhafter Verabredung mit Mutter geschah, um die drollige Tradition fortzuführen. So habe ich den Taschenchronometer zuerst für einige Tage nach dem Abitur tragen dürfen; gleich danach mußte ich in den Krieg ziehen, und da durfte die kostbare Uhr natürlich nicht mit. Später erhielt ich sie erst wieder nach meiner Verheiratung für ein Weilchen ausgehändigt, und endgültig dann, nachdem mir der erste Sohn geboren war. Dazwischen aber lag sie bei Mutter in Verwahrung.

Freilich habe ich erfahren, daß ich auch als junger Vater noch keineswegs den Eindruck gemacht haben kann, einer solchen Uhr würdig zu sein. — Was war ich denn damals? — Ein magerer Privatdozent zu Frankfurt a. M. — Als solcher begab ich mich — wahrscheinlich etwas exkursionsmäßig angezogen — zum angesehensten Uhrmacher der Stadt, denn nach der jahrelangen Ruhe hielt ich es für nötig, die Uhr einmal nachsehen und ölen zu lassen. — Der Uhrmacher war ein feiner alter Herr, der besah sie erst von außen, dann von innen, las die frazösische Inschrift, klemmte sich seine Lupe ins Auge, öffnete den zweiten goldenen Deckel und bestaunte das Werk. Ja, er staunte sichtlich — warf dazwischen aber auch unbehaglich mißtrauische Blicke auf mich, den mageren Privatdozenten.

»Wo haben Sie denn die Uhr her?« fragte er.

»Die hab ich von meinem Großvater geerbt!« —

»So?« —

Schweigen. Erneutes Forschen in den Geheimnissen des Taschenchronometers und abwägende Prüfung meiner Persönlichkeit, — aber doch wohl mit dem Ergebnis, daß nicht unbedingt die Kriminalpolizei anzurufen sei.

»Na, Ihr Großvater muß aber ein vermögender Mann gewesen sein!« — Das war das Fazit, das der alte Herr zog. —

Aber noch immer sitzen Gerda und ich in Großmutters roter Stube. Nur der zierliche Glockenschlag der Pendüle fällt alle Viertelstunde in die Stille — und bisweilen auch ein leise singendes Klirren des hohen eisernen Ofens, wenn seine bilderreich gegossenen Platten und Türen durch einen vorüberfahrenden Wagen ein wenig zum Zittern gebracht werden.

Ja, die Straße — auch sie lockt, nachdem die Reiselust mit dem Stereoskop für heute abgeklungen ist. — Wenn es nicht Großmutters Schlaf stören würde, jetzt die dann unvermeidlich läutende Haustür zu öffnen und wieder zu schließen, so möchte man wohl einmal hinüber gehen zum »Haus Seefahrt«, dessen ehrwürdiges altes Sandsteinportal uns schräg gegenüber liegt. — Schön ist es dort drüben, wenn man durch das Portal tritt. Ein weiter grüner Hof mit schattigen Bäumen nimmt einen auf, rings umsäumt von freundlichen kleinen Häusern, in denen unsere Hansestadt alten Schiffern und Schifferwitwen einen friedlichen Lebensabend bietet. Eine geruhsame kleine Welt für sich ist der stille Seefahrtshof inmitten der Stadt. Auch Großmutter hat ihre freundschaftlichen Beziehungen zu einigen der alten Kapitänswitwen, die hier mit dem Strickstrumpf auf der Bank vor dem Hause sitzen. — Das stattliche, vornehme Hauptgebäude aber ist der Ort, wo jährlich in Verknüpfung der Kaufmannschaft mit der bremischen Schiffahrt die berühmte »Schaffermahlzeit« stattfindet. — Und über dem alten Portal des Hauses Seefahrt steht die Inschrift zu lesen:

»Navigare necessse est, vivere non est«.

Ein alter Fahrensmann soll den Spruch seinem Enkel übersetzt haben:

»Schippfahrt is nödig, aber de Wieber sin dorbi nich nödig!« —

Diese Deutung war mir noch fremd und hätte auch kaum in Betracht gezogen werden können, als ich — ich glaube es war in der Obersekunda — einen Schulaufsatz über das »Navigare necesse est« zu schreiben hatte. Es war der schwungvollste Aufsatz, der mir je gelungen ist, und ungeheuer stolz war ich auf die Idee, ihn in die Form einer Festrede anläßlich des Stapellaufs eines großen Lloyddampfers zu kleiden. Natürlich mußten — nach meiner Vorstellung — bei besagtem Festakt auch die regierenden Bürgermeister der nachbarlichen Freien und Hansestädte Hamburg und Lübeck zugegen sein, so daß mein Schulaufsatz mit den großartigen und allerdings auch Aufsehen erregenden Worten begann:

»Eure Magnifizenzen!

Meine hochzuverehrenden Damen und Herren!«

An diesen Magnifizenzen hat sich meine Sekundanerphantasie denn auch zu einem ganz ungewöhnlichen Feuer entzündet.

Aber nun schlägt die Pendüle die vierte Stunde! — Man hört Luise nebenan den Kaffeetisch decken; Großmutter ist wach, und Mutter kommt nach ihrer Mittagsruhe die Treppe herunter. — Auch wir Kinder gehen nun hinüber in die Wohnstube.

Unter der Kaffeekanne brennt die »Feuerkieke«. Sie ist die Seele des Kaffeetisches, denn ihr Flämmchen wirft einen warmen Schein durch vier bebilderte Milchglasscheiben auf das weiße Damastlaken.

Wir kennen die Bildchen seit langem auswendig, müssen sie aber immer wieder von neuem betrachten. Das eine zeigt einen kleinen Jungen mit riesengroßem Hut, einem umgehängten Säbel und lehrhaft erhobenem Zeigefinger, — denn vor ihm sitzt in folgsamer Aufmerksamkeit ein mächtiger Bernhardinerhund, und so gutmütig ist dieser Hund, daß er dabei seine eigene Peitsche im Maule hält.

Auch ein zweites der durchleuchteten Bildchen stellt einen Hund dar, diesmal einen Spitz, der gemeinsam mit einem Kind auf der Treppe sitzt. Aber während der gute Hund wachsam ins Gelände schaut, ist das Kind, an Spitzens molliges Fell geschmiegt, sachte eingeschlafen.

O ja, ich wüßte auch die beiden anderen Bildchen noch gut zu beschreiben; sie haften fest im Gedächtnis! —

Eine erstaunliche Erfindung übrigens — diese gemütvollen, einst so beliebten Feuerkiekenbildchen, in denen lebendiges Licht, außerordentlich plastische Formen und ein Behagen ausstrahlender Gegenstand sich zu eigentümlicher Wirkung vereinigten. Sie waren als eine Art von Relief in das weiße Porzellan gepreßt, doch war es ein Relief, welches im auffallenden Licht noch keineswegs seinen eigentlichen Inhalt zu erkennen gab, sah das gebirgige Gewirr von Erhöhungen und Vertiefungen auf der weißen Fläche doch ziemlich unverständlich aus. Erst wenn dahin-

ter das Lämpchen angezündet wurde, wenn die dik-
ken Stellen zu dunklen Schatten wurden und die
dünnsten um so heller zu leuchten begannen, ent-
hüllten die dargestellten Szenen ihren Sinn und ihre
trauliche Lebendigkeit. Diese Verwandlung erlebte
man immer wieder als ein kleines Wunder.

An Großmutters Kaffeetisch wird uns Kindern nun
warme Milch in die Tassen geschenkt. Milch mag ich
nicht; warme schon gar nicht. Aber hier schmeckt sie
wunderbar, denn Großmutter gibt uns einige Stückchen Würfelzucker hinein und zaubert ein Getränk
daraus, das es nur in Bremen gibt. — Und ganz fri-
schen noch warmen Bremer Zwieback gibt es dazu!

»Aber Kinder«, sagt Großmutter, »ihr nehmt euch
ja gar keine Butter! Und nun kratzt sie doch nicht
nur so auf den Zwieback, nehmt euch tüchtig!«

Müssen wir? — Ja, wir müssen! Ein mahnender
Blick von Mutter ist unmißverständlich.

Und das ist nun so: Großmutter ist eine tüchtige
Hausfrau der alten Art; sie ist stets auf eine prak-
tische Vorratswirtschaft bedacht. Der Weißkohl wird
zu Sauerkraut eingestampft; die Bohnen werden ge-
schnippelt und in großen irdenen Töpfen eingesäuert;
Äpfel und Birnen werden in Scheiben geschnitten,
auf Baumwollgarn gereiht und zum Trocknen aufgehängt, — alles zu seiner Zeit. Die Eier werden einge-
legt, wenn sie am billigsten sind. Großmutter hat
auch ihre ganz bestimmten, alterprobten Bezugs-

quellen. Hin und wieder — freilich nicht für den eigenen Bedarf, sondern für uns — läßt sie eine Hafermastgans aus Diepholz kommen, oder gar einen Baumkuchen aus Salzwedel, oder Würste aus Zwischenahn! Und die Butter läßt sie sich seit vielen Jahren in 10-Pfund-Paketen mit der Post von einer ländlichen Molkerei schicken, für deren Gegend die Weiden der Wesermarsch als besonders fett und die Kühe als Prachttiere bekannt waren.

In Großmutters hohem Alter war aber wohl der Butterverbrauch in ihrem kleinen, nur noch aus zwei Personen bestehenden Haushalt so weit zurückgegangen, daß mindestens bei der zweiten Hälfte des jeweiligen 10-Pfund-Paketes von *frischer Butter* nicht gut mehr die Rede sein konnte. Und unsere Besuche fielen ja wohl grundsätzlich immer in diese zweite Hälfte. Meist war die Butter ranzig bis sehr ranzig, wenn wir nach Bremen kamen, was Großmutter selber aber nicht merkte und uns Kinder in um so größere Verlegenheit brachte, als sie uns jedesmal nötigend aufforderte, doch ja die Butter nicht so dünn aufs Brot zu kratzen. — Wo aber stammte die gute Butter her? Es klingt wie Hohn in diesem Zusammenhang, ist aber wahr: Aus der Molkerei Rantzenbüttel bei Berne! —

Am andern Tag fand zur Einleitung des in Bremen beginnenden »Überlandfluges« nach Westfalen das Schaufliegen auf dem Rennplatz in der Vahr statt.

Großmutter hatte uns einen guten Tribünenplatz spendiert.

Die zum Überlandflug gemeldeten Flugmaschinen und ihre heldenmütigen Aviatiker bekamen wir allerdings nicht zu sehen; sie blieben in einigen Zelten verborgen und sollten erst morgen starten. Doch waren zum Bestreiten der Schauflüge zwei kleine Eindecker auf dem Platz, die der Magdeburger Ingenieur Hans Grade konstruiert hatte. Von Abbildungen her war mir dieser Typ eines Aeroplans — oder als Eindecker auch »Monoplan« genannt — bereits bekannt; er erschien mir an Einfachheit und Eleganz unübertrefflich. Einen eigentlichen Rumpf hatte das aus Bambus, Leinwand und Draht gebaute Maschinchen überhaupt nicht, statt dessen war die Tragfläche nur durch eine einzige Stange mit dem gegabelten Schwanz verbunden, und der Aviatiker saß frei in einer Art Hängematte oder besser wie in einem Triumphstuhl, zwischen Tragfläche und Fahrgestell. — Herr Grade konnte damals schon auf sehr erfolgreiche Flüge mit seinem Apparat zurückblicken, deren einer ihn sogar über Häuser von Berlin hinweggeführt hatte. Es sei allerdings ein scheußliches Gefühl, soll er laut Zeitungsbericht gesagt haben, Menschen und Häuser unter sich zu wissen, und er möge das nicht zum zweiten Mal erleben!

Ebenso sympatisch wie sein zierlicher Monoplan war mir auch Herr Grade selber, wenn ich ihn auch nur nach einer Photographie zum Gegenstand meiner Heldenverehrung hatte machen können. Was mir so großen Eindruck machte, war, daß der berühmte Mann nicht anders als wie ein ganz schlichter, handfester Ingenieur aussah und daß er einen selbstgestrickten Schlips trug! Das heißt, ich nahm natürlich nicht an, daß *er* ihn gestrickt hatte; das hatte wohl seine Frau oder seine Mutter getan. Daß mir aber dieses Schlipses wegen Herr Grade so vertrauenerweckend und menschlich nahe erschien, rührte daher, daß einen ebensolchen Schlips, aus Großmutters Hand hervorgegangen, auch mein Vater getragen hatte, und er war so unverwüstlich, daß ich ihn später als erwachsener Mann noch jahrelang selber als Lieblingsschlips umgebunden habe. Zur Erinnerung an Hans Grade hieß er bei uns »der Ingenieur-Schlips«.

Eine kleine Enttäuschung gab es auf diesem ersten Bremer Flugtag insofern, als es nicht Herr Grade selber war, der seine Flugmaschine vorführte. Herr Kanitz und Herr Falderbaum hießen die Piloten, welche die beiden Maschinen fliegen sollten. Und sie stellten uns auf eine ziemlich lange Geduldsprobe. Man schob die Apparate hierhin, schob sie dorthin, bastelte an ihnen herum, versuchte anscheinend vergeblich, die Luftschraube anzuwerfen, und schließlich wurden beide Aeroplane wieder ganz weit weg in den Hintergrund gerollt. Vielleicht gefiel den Piloten die Windrichtung nicht. Immerhin, — als dann zwischendurch einmal ein Herr mit einer Lederkappe und ledernen Gamaschen an unseren Tribünen vorüberschritt und ein Raunen durch die Menge ging: »Das ist einer, — da geht einer!« da war das doch schon ein erregendes Erlebnis, denn daß dieser Mann in der auffallend motorsportlichen Kleidung in der Tat einer der kühnen Flieger war, war doch in hohem Maße wahrscheinlich.

Es *war* auch einer! Aus der Entfernung sahen wir ihn in der Hängematte Platz nehmen, die Luftschraube wurde angeworfen, und diesmal lief sie. Ein paar Minuten später setzte sich der Aeroplan in Bewegung, rollte immer rascher heran, hopste, — hopste nochmal, und kurz vor den Tribünen: Tatsächlich — das Ding hob sich in die Luft! Uns blieb der Atem stehen vor Ergriffenheit. Kein Zweifel — zwei, drei, auch wohl vier oder fünf Meter Höhe wurden es, in denen es an uns vorüber zog. Schwerer als die Luft — viel schwerer als die Luft! — Und das Getöse war wirklich grandios — zuerst von dem knatternden Motor, dann aber auch von dem Jubel der aus der Erstarrung erwachenden Menge.

Am Ende der Rennbahn zog der Aeroplan eine Kurve und kehrte, wiederum in wenigen Metern Höhe an unserer Tribüne entlangfliegend, zum Startplatz zurück, wo er landete. Das war der erste wohlgelungene Schauflug.

Nach einer Weile kam die zweite Maschine an die Reihe. Auch sie kam nach ein paar Hopsern vom Boden los und zog bestaunt und bejubelt an uns vorüber. — Doch der Rennplatz war kein eigentlicher Flugplatz, sondern eben eine Pferderennbahn, die als solche einige quergestellte Hecken als zu überspringende Hindernisse trug. Ob nun den Flieger so sehr der Hafer gestochen hatte, daß er sich hier als Pferd fühlte und sich im Springen üben wollte, weiß ich nicht. Jedenfalls geriet er bei seiner geringen Flughöhe auf einmal mit dem Fahrgestell gegen eine solche Hecke und überschlug sich. Es war ein ganz verblüffender Anblick, — beklemmend zwar, aber auch komisch: beklemmend sowieso, und komisch, weil es so merkwürdig langsam vor sich ging, wie der Schwanz der Flugmaschine sich diesseits der Hecke emporhob, seinen Purzelbaum machte und sich geradezu gemächlich auf der andern Seite niederlegte.

Und kaum hatte man den Vorgang erfaßt, da donnerte auch schon eine Kavalkade berittener Polizei in gestrecktem Galopp an uns vorüber und eilten die Sanitäter der Unglücksstätte zu. Das Unglück schien allerdings nicht so sehr groß zu sein. Noch ehe die Kavalkade herangesprengt war, sah man den Piloten hinter der Hecke hervortreten und winken — zum Zeichen offenbar, daß ihm nichts Ernstliches passiert war. Er machte sich denn auch unverzüglich daran, mit den inzwischen eingetroffenen Hilfsmannschaften die Maschine wieder richtig auf die Beine zu stellen und zum Startplatz zurück zu schieben. Dabei sahen wir dann freilich, daß es ganz ohne Schaden doch nicht abgegangen war: Der Propeller war gebrochen!

Ob es der Flieger Herr Kanitz oder Herr Falderbaum war, das weiß ich nicht sicher, des Namens wegen habe ich in Gedanken natürlich den letzteren mit dem Fall über die Bäumchen in Verbindung gebracht und hoffe, daß ich ihm damit nicht unrecht getan habe. — Jedenfalls hat er den gewaltigen Eindruck des Tages dadurch nur erhöht, daß wir neben einem gelungenen auch einen etwas mißglückten Flug zu sehen bekamen, der uns vor Augen führte, daß es auch seine Schwierigkeiten hat, wenn der Mensch sich in die Luft erheben will.

Erschüttert waren wir allerdings vom Zeitungsbericht des nächsten Tages, der den in aller Frühe stattgefundenen Start zum Überlandflug meldete: Gleich nach dem Abflug war ein Doppeldecker aus der Kurve abgerutscht; seine Insassen, zwei Offiziere, waren tot.

Ein Vierteljahrhundert nach jener Bremer Veranstaltung erlebte ich einen Flugtag in Hannover. Unablässig donnerten und heulten die Motoren, eine Sensation jagte die andere, vor allem führte Ernst Udet seine nervenprickelnde Luftakrobatik vor. Und doch war — wenigstens für mich — der Höhepunkt des Tages ein anderer und völlig unerwarteter: Kam da doch auf einmal, wie ein Spätzlein unter Adlern, hinter den großen starken Maschinen ein mit vielen Drähten verspanntes gelblich-leinenes kleines Etwas angehoppelt, — unser guter alter Monoplan von Hans Grade! Wahrhaftig, es gab ihn noch. Und er flog auch noch. In geringer Höhe und unter erstaunlichem Getöse zog er seine Schleife um den Platz. Gern hätte ich gewußt, ob es der alte Hans Grade selber war, der unter der Tragfläche im Hängestühlchen saß und winkte, — und was für einen Schlips er trug. Aber wenn er uns einst in Bremen in tiefer Ergriffenheit den Anbruch eines neuen Zeitalters hatte ahnen lassen, so sah ihn die Menge — das war deutlich zu spüren — jetzt eher amüsiert als etwas drolliges Museumsstück an.

Natürlich mußten wir nach dem ersten Bremer Flugtag Großmutter haarklein berichten, wie es gewesen sei; sie wollte immer alles sehr genau wissen und erzählte dann selber, daß auch unser Großvater schon gesagt habe, daß das Fliegen gar nicht so schwierig sein würde, man müsse nur erst den richtigen Motor dafür erfinden und ein Material haben, das so leicht sei wie etwa der merkwürdige Serviettenring, den Großvater aus England mitgebracht habe.

In der Tat, jener Ring erschien mir in meiner frühen Kinderzeit als eine große Merkwürdigkeit. Großmutters übrige Serviettenringe waren teils aus Holz, teils aus Silber — dieser eine aber, der so verblüffend federleicht in der Hand wog, bestand aus Aluminium, dem »Silber aus Lehm«, das in der ersten Zeit seiner Darstellung so kostbar war, daß es fast nur zu Schmucksachen verarbeitet wurde.

Von Großvaters technischen Konstruktionen und Erfindungen, namentlich im Schiffbau, sprach Großmutter überhaupt gern, doch leider nur in so vagen Andeutungen, daß man sich durchaus kein Bild davon machen konnte, um was es eigentlich ging. Sie wird die Dinge auch wohl selber nie richtig erfaßt haben, denn ihre Einsichten in technische Zusammenhänge waren, wenigstens im Alter, nicht gerade tiefgehend und gaben mir bösem Jungen gelegentlich Veranlassung zu schmunzelndem Vergnügen. Das war zum Beispiel die Sache mit dem »Privé«:

Als ich ein kleiner Junge war, gab es auch bei Großmutter in Bremen noch das gute alte Plumpsklosett, doch immerhin schon fortschrittlicher in der Ausführung als bei uns in Bröcken. Hatte es bei uns nur einen einfachen, an einem Knopf abzuhebenden runden Holzdeckel, so besaß es bei Großmutter einen kastenförmigen großen Klappdeckel. Klappte man ihn auf, so sah man auf der Unterseite einen geheimnisvollen Schlitz; und klappte man, nach dem Geschehen, ihn wieder zu, so wurde aus diesem Schlitz von selber ein Portiönchen desinfizierenden

Streupulvers ausgeschüttet, dessen Geruch mir immer fremd und entschieden unangenehmer blieb als der, den es bekämpfen sollte. Aber selbst diese sanitäre Errungenschaft genügte mit der Zeit nicht mehr den Erfordernissen der Großstadt. Es kam die Kanalisation und mit ihr ein modernes »Britannia-Washout«-W. C., wie in der weißen Schüssel zu lesen stand. Und die »Brille« war nun ein prächtiger polierter Mahagoni-Sitz.

Großmutter war begeistert und drückte dies in dezenter Form auch unserer Mutter gegenüber aus. Dabei gipfelten ihr die Vorzüge der ganzen Anlage, welche mit soviel Buddelei, Rohrlegungen, Maurer-, Klempner- und Malerwirtschaft im Hause verbunden gewesen waren, drolligerweise nicht in der Kanalisation und Wasserspülung, sondern in dem Mahagonisitz! Ob ihr dieser Sitz tatsächlich als der Endzweck oder nur als Symbol des Bemühens von Senat und Bürgerschaft erschien, um die Lebensverhältnisse der Hansestadt moderner Hygiene anzupassen, dessen bin ich nicht sicher. Jedenfalls riet Großmutter unserer Mutter nur immer wieder, auch in Bröcken einen »Mahagonisitz« anzuschaffen. – Aber wie sollten wir wohl? Durch Großmutters »Brille« gesehen, hätte eine solche Anschaffung bei uns auf dem Lande damals technisch wie finanziell unlösbare Probleme heraufbeschworen.

Großmutter erlebte noch drei Jahre des Ersten

Weltkrieges. Im heißen Sommer und Herbst 1914 war sie bei uns in Bröcken und hatte ihren täglichen Stammplatz in der nach Süden offenen »Winterlaube«. Dort schälte sie unendliche Mengen von Fallobst oder putzte das Gemüse für den Haushalt. Und vor ihr stand dann so manches Mal, schon etwas krumm gebeugt unter der Last von einigen siebzig Jahren und ebenso bedächtig wie eindringlich redend unser guter alter Vater Schermer. Beide tauschten ihre Kriegserinnerungen von 1870 aus, und was Vater Schermer betraf, so erläuterte er darüber hinaus als Sachverständiger für Großmutter die gegenwärtigen Heeresberichte und zeichnete dazu mit dem Harkenstiel die Kriegslage in den Sand der Laube.

Vater Schermer war gelernter Zimmermann; in seinen alten Tagen arbeitete er bei uns im Garten, machte alles heil, was kaputt war, ohne daß er viel davon redete, baute Neues aus nichts, wußte bei allem einen guten, verständigen Rat und genoß höchstes Vertrauen bei jung und alt. Wir Kinder liebten ihn. — Vater Schermer schlachtete auch die Hühner bei uns, und das war vorbildlich. Wenn er mit ruhigen Bewegungen das nun einmal fällige Huhn ergriff, es streichelte und ihm gut zusprach, so war das so schonend wie nur irgend möglich. Dann ging er mit dem Huhn im Arm zum Waldrand hinauf, und wenn wir Kinder den unvermeidlichen Schlußakt auch nicht mit anzusehen wagten, so hörten wir aus einiger Entfernung doch noch Vater Schermers beruhigend-trostreiche Stimme, während er das Tier zwischen die Knie nahm und ihm ein wenig die Kehle entblößte: »Komm man her, wees man still, — dat is man n' kurzen Übergang!«

Einmal — da hatte sich ein irgendwo entflogener Papagei in unserm Garten heimisch gemacht. Anfangs waren wir begeistert über den bunten Kerl und hofften, ihn locken und einfangen zu können. Der Vogel dachte aber nicht daran, die Freiheit wieder mit dem Käfig zu vertauschen, und noch dazu bei fremden Leuten! Aber auch unsere Sympathie ihm gegenüber war nur von kurzer Dauer, denn die Art und Weise, wie er all unserm Locken, Pfeifen und Lora-Rufen Hohn sprach, war wahrhaft abscheulich. Er turnte nämlich in unseren Apfelbäumen herum und beantwortete jede Ansprache unsererseits nur dadurch, daß er uns unter wüstem Geschimpfe einen dicken Apfel vor die Füße knallte. Daß dieses — von ihm aus gesehen — Spaß machen mußte, läßt sich freilich denken, und nachdem er den Reiz dieses Sportes erst richtig erfaßt hatte, gab er sich ihm bis zur Raserei hin — Hack! — fuhr der krumme Schnabel in einen Apfel — nicht um ihn zu fressen, i bewahre, denn klatsch, schmetterte er ihn auf den Boden, daß der Saft spritzte. Einer nach dem andern, und immer die schönsten und reifsten wurden von dem boshaften Vieh ausgewählt. Mit dem Weißen Clar-Apfel fing es an, dann kamen die Calvillen an die Reihe, und schließlich wurde der Dicke Rambour als am geeignetsten für den Spaß befunden. Wir aber waren völlig macht- und ratlos und mußten an jenem denkwürdigen Vormittag der Vernichtung von sicherlich mehreren Zentnern unserer schönsten Äpfel zusehen. — Indessen war Vater Schermer stillschweigend nach Haus gegangen und kam mit seinem Tesching zurück. Er hat dem Untier, und zwar ohne ihm vorher liebreich zuzureden, ein Ende bereitet.

Doch wir sind abgeschweift. Es war von Großmutters und Vater Schermers Kriegserinnerungen von 1870 die Rede. Großmutter erzählte, wie die Truppen mit der Oldenburger Eisenbahn auf dem Wege nach Frankreich durch Bremen gerollt seien. Und die Wagen waren mit grünen Zweigen geschmückt, die Soldaten sangen, und die Pferde steckten die Nase zur Tür hinaus. — Weil Großmutter damals an der Contrescarpe wohnte und die Oldenburger Bahn an ihrem Hause vorüberführte, habe sie die Soldatenzüge ganz aus der Nähe sehen können. — Ja, und einem Vetter von ihr sei in Frankreich ein Bein abgeschossen worden.

Ob Großmutters Erzählung vom siebziger Krieg sich wirklich auf dieses wenige beschränkte, kann ich nicht sicher sagen. Es ist das einzige, was mir, allerdings sehr deutlich, vor der Erinnerung steht. Es war auch nicht zum ersten Mal, daß ich davon hörte, als Vater Schermer vor Großmutter in der Laube stand. Schon als kleiner Junge hatte ich denselben Bericht aus ihrem Munde vernommen, und schon damals hat mir das Bild der rollenden Soldatenzüge und die Tatsache, daß wirklich ein Verwandter unserer Familie in jenem Kriege schwer verwundet wurde, einen tiefen Eindruck gemacht.

Wie ganz anders war doch dieser Eindruck in seiner Wirkung als der, welchen Bücher über den Krieg von 70/71 hervorriefen! Gewiß, auch solche Bücher fesselten den Jungen; man las in ihnen mit heißem Kopf, aber auch mit Behagen, und in der Schule deklamierte man mit Pathos Gedichte wie »Die Trompete von Vionville« und »Die Rosse von Gravelotte«. Aber wie fern lag dabei der große blutige Krieg selber! Er war Geschichte geworden, sein Abbild war auf bedrucktes Papier gebannt. Daß es heute oder jemals noch so etwas wieder geben könne, lag jenseits jeder Vorstellung.

Aber wenn nun Großmutter dem Enkel erzählte: weiter nichts, als wie die in den Krieg fahrenden Soldaten sangen, wie sie ihre Wagen mit frischem Grün geschmückt hatten und wie die Pferdeköpfe aus den Türen guckten — dann war mit der Schilderung dieser kleinen Szene vom Rande des großen Geschehens, weil sie aus lebendigem Munde kam, die sonst so unwirklich erscheinende Vergangenheit auf einmal zur Gegenwart geworden.

Und nun war wirklich wieder Krieg! Vater Schermer, der 1866 und 1870 als Soldat im Felde gestanden hatte, malte für unsere Äpfel schälende Großmutter in der Winterlaube mit dem Harkenstiel die Belagerung von Paris in den Sand. Nur die Hühner waren damit nicht einverstanden, denn den trockenen, warmen Sand der Winterlaube ließen sie sich gar so gern durch die Federn rieseln, ohne sich durch Großmutters Anwesenheit in ihrem Behagen stören zu lassen. — »Geh weg!« sagte nun aber Vater Schermer und schob mit der Harke sanft das eine oder andere allzu kecke Huhn beiseite, das durch ein beabsichtigtes Sandbad die Fortifikationen von Paris zu zerstören drohte.

Und dann kam Vater Schermer auf die Erbswurst zu sprechen, die großartige Erfindung eines Berliner Kochs — Grünberg hieß er —, die erst durch den siebziger Krieg bekannt geworden und damals in großen Mengen zur Truppenverpflegung benutzt worden war. — O ja, eine Erbswurst war ein gutes und nützliches Ding; das haben wir Späteren noch beim »Wandervogel« erfahren und haben manch nahrhafte Suppe gekocht nach dem klassischen Rezept:

»Drei Löffel Erbswurst, ein Löffel Dreck!«

Vater Schermer schätzte die Erbswurst so hoch ein, daß er meinte, sie habe ganz wesentlich geholfen, den französischen Krieg zu gewinnen.

»Wissen Sie, Frau Direktor«, sagte er, »wie die armen Franzosen in Paris — die hatten ja keine Erbswurst, — und um Paris hatten sie auch keine — wie da diese armen Menschen haben hungern müssen, das war einfach schrecklich. — Einmal, da habe ich aber meine eigene Erbswurst einer Franzosenfrau geschenkt und ihr gezeigt, wie man Suppe daraus macht. Wie die sich gefreut hat, können Sie sich gar nicht vorstellen!«

So oft ich Vater Schermer von 1870 habe erzählen hören — meistens fehlte dabei nicht die kleine Geschichte von der verschenkten Erbswurst und der beglückten Franzosenfrau! Sie muß dem alten Veteran — Schwester Gerda verwechselte das Wort damals noch mit Veterinär — wohl eines seiner nachhaltigsten Kriegserlebnisse bedeutet haben.

Vater Schermer galt natürlich auch als sachverständig für den neuen Krieg.

»Wie schrecklich«, meinte Großmutter, »daß unsere armen Soldaten nun so viel im Wasser sitzen müssen!«

»Im Wasser? Wieso?«

»Ja, es heißt doch, sie liegen jetzt in Schiffgräben!«

»O nein, Frau Direktor«, beruhigte Vater Schermer, »nicht in *Schiff*gräben, sondern in *Schützen*gräben! Wasser ist da nicht drin, — höchstens mal ein bißchen, wenn es viel geregnet hat. Das ist nur gut, daß die Soldaten in Schützengräben liegen; die haben sie sich selber gemacht, damit sie vor den feindlichen Kugeln sicher sind.«

Die Schiffgräben, welche die Moorkolonien um Worpswede durchzogen und auf deren Anschlußkanälen die Torfkähne den Brenntorf bis nach Bremen brachten, waren Großmutter vertraut — Schützengräben aber natürlich nicht.

So sind nun Kinder! An solchen Irrtümern oder Verwechslungen Erwachsener oder gar alter Leute, und sei es die eigene Großmutter, haben sie ihren heimlichen Spaß und behalten ihn dann schändlicherweise eisern im Gedächtnis — ebenso wie der Geschichtchen von der Butter aus Rantzenbüttel und dem Mahagonisitz als Inbegriff einer Wasserspülung samt Kanalisation. — Schändlicherweise? — Ach nein, das ist doch wohl zu hart gesagt, — haben diese unvermeidlich mit aufsteigenden kleinen Histörchen doch nur die Bedeutung, in dem verehrten Bild der geliebten Großmutter ein paar heitere, drollige Züge mit aufleuchten zu lassen. Und diese gehören in der Tat dazu: »Fahret hin, fahret hin, Grillen, geht mir aus dem Sinn!« und »Freut euch des Lebens, so lang noch das Lämpchen glüht«. Das waren so ziemlich die ersten Lieder, die wir von unserer im Herzensgrunde so fröhlichen, lebensbejahenden Großmutter lernten.

# Von den Eltern

Das Erinnerungsvermögen des im Alter Zurück-
schauenden gleicht einem ganzen Satz von Sieben —
von gröberen und feineren —, die in ihren verschiedenen Stufen das einst Erlebte festgehalten oder haben
durchlaufen lassen. Und glücklich der, dem die Natur
diese Siebe derart eingerichtet hat, daß sie den Sonnen-
glanz leichter bewahren als den Schatten. Ärmlich
aber doch derjenige, der aus der Jugendzeit *nur* noch die
heiteren Bilder heraufzubeschwören vermag und
dem die dunklen ganz versunken sind. Denn durchlebt ist beides, Licht und Schatten, Freud und Leid,
und beides hat seinen Anteil gehabt an dem, was uns
werden ließ. — Mit der Rückschau auf die Kindheits-
und Jugendtage ist aber auch eine seltsame Umwer-
tung verbunden. Durchaus nicht immer das, was uns
einst am stärksten bewegt, erhoben oder erschüttert
hat, bleibt in den oberen Schichten der Erinnerung
bewahrt; es kann versunken und vergessen sein oder
nur hier und da aus tiefem Grunde in verschwom-
menen Umrissen wieder auftauchen. Manches hingegen, was im flüchtigen Augenblick einst nur so
hingenommen wurde — ein einzelnes Wort, ein Blick,
ein Händedruck —, jetzt steht es auf einmal beglük-
kend oder auch schmerzhaft deutlich wieder vor uns.

Die herandrängenden bunten Bilder der vorstehenden kleinen Erzählungen erscheinen vornehmlich in lichten, heiteren Farben. Und wirklich hat die Erinnerung aus dem ersten Jahrzehnt des Kindes auch kaum etwas anderes als den Sonnenschein bewahrt. — Aus der Zeit des heranwachsenden Knaben freilich, der selber nur Liebe erfahren hat, könnte auch von mancher frühen Schuld berichtet werden, vor allem hat manches häßliche Wort und Verhalten der Mutter gegenüber ein Leben lang brennende Reue hinterlassen. Und wenn hier nun noch von den Eltern erzählt werden soll, so wird vieles, was so fröhlich aus der Kinderzeit berichtet wurde, durch den frühen Tod des Vaters sowie durch langes Leiden und Entsagenmüssen der Mutter doch vor einem Hintergrund erscheinen, in dessen Tiefen der Erzähler nur in scheuer Befangenheit einzudringen vermag.

Der Ursprung der Overbeckschen Sippe ist mit aller Wahrscheinlichkeit in den Niederlanden zu suchen, wo der Name — auch als Overbeke, Van Overbeek und over de Beke — noch heute verbreitet ist. Von dort führt der Nachweis der Ahnen zunächst nach Bremen, dann ins Lippesche, wo ein Henrich Overbeke, genannt »der Brehmer«, 1632 Bürger in Lemgo wurde und daselbst 1666 als Hexenmeister hingerichtet worden ist. Was ihm zur Last gelegt wurde, ist nicht näher bekannt, auch weiß ich nicht, ob ich ihn zu meinen unmittelbaren Vorfahren zählen darf oder muß. Jedenfalls ist von der Kunst des Hexens auch nicht das geringste auf mich überkommen. — Das Ansehen der Sippe in Lemgo scheint im übrigen durch den interessanten Hexenmeister nicht nachhaltig gelitten zu haben, denn in derselben schönen Stadt haben nacheinander in direkter Ahnenfolge ein Subkonrektor des Gymnasiums, ein Bürgermeister, ein Advokat und ebenfalls Bürgermeister unseres Namens gewirkt. Ein Sohn des letzteren war mein Urgroßvater, der als Oberlehrer der Mathematik und Physik in Hannover lebte. Als er starb, hinterließ er fünf noch unmündige Kinder, von denen das älteste, August Wilhelm Ernst Theodor Overbeck, Maschinenbau an der Technischen Gewerbeschule, der nachmaligen Technischen Hochschule, in Hannover studierte. Dieser wurde mein Großvater. In Hannover war er mehrere Jahre in der Maschinenfabrik Egestorff, der späteren »Hanomag« tätig, siedelte aber 1851, im gleichen Jahr, in dem er heiratete, nach Bremen über, um eine Stellung an der Hull-Bremer Dampfschiffahrtsgesellschaft anzunehmen. Seit der Gründung des Norddeutschen Lloyd war Theodor Overbeck von 1858 bis zu seinem 1877 erfolgten Tode Technischer Direktor dieser Schifffahrtslinie, an deren raschen Entwicklung, namentlich im Bau der ersten Schnelldampfer, er hervorragenden Anteil gehabt hat.

Mein Vater wurde 1869 in Bremen geboren. Seine

drei älteren Geschwister starben in jungen Jahren, die beiden Brüder während der Berufsausbildung, die Schwester, die sehr schön gewesen sein soll, nach kurzer Ehe. Als sechs Wochen später auch unser Großvater, erst fünfzigjährig, durch den Tod hinweggerafft wurde, stand unsere Großmutter mit ihrem acht Jahre alten Jüngsten allein.

Daß dieser einzig verbliebene Sohn schon frühzeitig die Absicht zeigte, Maler zu werden, war gar nicht nach ihrem Sinn. Doch wenn man noch heute erhaltene Skizzenbücher des Knaben und Jünglings betrachtet, kann es nur begreiflich erscheinen, daß alle Versuche, ihn von seinem »unbürgerlichen« Ziele abzubringen, notwendig scheitern mußten. So blieb nichts weiter übrig, als den Sohn, nachdem er am Alten Gymnasium seiner Vaterstadt das Abiturientenexamen bestanden hatte, zur Düsseldorfer Akademie ziehen zu lassen. Doch zog die Mutter mit; sie löste ihren Bremer Haushalt auf, um auch am leichtlebigen Rhein ihren Einzigen unter den Fittichen zu behalten.

Wie dann nach wenigen Jahren ein kleiner Kreis von jungen Leuten, der Düsseldorfer Akademie entwachsen, sich enger zusammenschloß und in einem Dorfe bei Bremen niederließ, ist von Rainer Maria Rilke in seiner Worpsweder Monographie geschildert worden. Es waren Fritz Mackensen, Otto Modersohn, Hans am Ende, Fritz Overbeck und Heinrich Vogeler, die das von weiten Moorniederungen umgebene Dorf zu ihrer Wahlheimat und den Namen Worpswede bald weithin bekannt machten.

Über die »Alten Worpsweder« ist vieles geschrieben worden — aber nichts davon, wie eines Tages zwei Münchener »Malweiblein« an die berühmt gewordenen Maler bescheiden die Anfrage gerichtet hatten, ob sie als Schülerinnen nach Worpswede kommen dürften. Die eine wünschte sich bei Mackensen, die andere bei Overbeck in die Lehre zu begeben. Die Maler hatten mit »ja« geantwortet — unser Vater mit seinen 26 Jahren sicherlich nicht ohne Belustigung und Neugier seiner Aufgabe als Lehrmeister entgegensehend. Die Neugier jedenfalls läßt sich bezeugen.

Als nämlich die Ankunft der beiden Malerinnen fällig war — sie sollten weisungsgemäß den Weg über Osterholz mit dem Torfschiff nehmen —, zog Vater sein ererbtes großes Seemanns-Teleskop auf die gehörige Länge aus und richtete es vom hoch auf dem Weiherberg gelegenen Atelier auf die Wiesenniederung. Aufblitzend in den Windungen zog dort in der Ferne der Lauf der Hamm, langsam glitten auf ihm die dunklen Segel der Torfkähne dahin.

Und dort, — tatsächlich, dort pilgerten auf dem Wege zwischen der Hammhütte und der Windmühle zwei Figuren — offenbar die Münchener Malerinnen — gegen den Weiherberg hinan. Und die eine, die in ungeduldiger Erwartung weit voran strebte, hat uns das alles später genau erzählt, denn sie wurde unsere Mutter.

Woher stammt der unwiderstehliche Drang, der hin und wieder einem Menschen in die Wiege gelegt wird, an Gottes Herrlichkeit in der Natur sich nicht nur hingebend zu erfreuen, sondern sie auch im Spiegel der eigenen Seele nachbildend festzuhalten? Es sind zu viele Fäden des Erbgutes, die in dem einzelnen zusammenlaufen, um ihre Herkunft verfolgen zu können. Aus der Reihe von Vaters Vorfahren, bei denen mehrfach eine starke mathematische Begabung hervortritt, ist der elementare Drang zu künstlerischem Schaffen jedenfalls kaum nachzuweisen. Ebenso wenig ist der Fall bei der Familie unserer Mutter.

Mutter stammte aus der Lüneburger Heide. Ihr Großvater war Lohgerber in Walsrode gewesen, ebenso ihr Vater, der sich aber bereits Lederfabrikant nannte. Diesem Lederfabrikanten Carl Heinrich Rohte wurden sechs Kinder geboren, für deren Altersfolge der Merkvers nützlich war:

Marie, Carl, Pauline,
Agnes, Friedrich, Hermine.

Zwischen Marie und Hermine, unserer Mutter, bestand ein so großer Altersunterschied, daß Mutter ihre älteste Schwester fast nur als verheiratete Frau kannte, sich später aber doch noch an deren

Hochzeitsmahl als betrübendes Erlebnis erinnerte, weil sie, das Kind am »Katzentischchen«, beim Austeilen der leckeren Markklößchen in der Suppe leer ausgegangen war. — Für dieses schmerzliche Versehen wurde Mutter allerdings noch nach vielen Jahren reichlich entschädigt, und das habe ich selber miterlebt. Mutters Schwester Marie war damals eine Frau Kommerzienrat; ihre Silberhochzeit in Celle wurde zu einem großen Familientag der Rohteschen Sippe; wieder war ein niedriges »Katzentischchen« für Kinder mitgedeckt, und diesmal saß ich daran. Vor unsere Mutter aber stellte, als die Suppe aufgetragen wurde, ein livrierter Diener eine Riesenschüssel voller Markklößchen hin!

Mutter hat oft von ihrer Kinderzeit in Walsrode erzählt: Wie ihr das anhängliche Schaflamm zur Schule nachlief und eines Tages zum Jubel der Kinder zum Fenster hinein in die Klasse sprang. — Wie es zur Zeit ihrer Großmutter aber noch weit idyllischer beim Unterricht zugegangen sei. Damals habe der Lehrer — er war zugleich Holzschuhmacher — in der Schulstunde seine »Holschen« geschnitzt; die Kinder saßen zwischen Torf und Holzspänen um ihn herum, buchstabierten aus der Bibel, und wenn sie auf ein gar zu schwieriges Wort stießen, sagte der Lehrer: »Kinners, dat sleit man öber, dat kann ja keen Minsch nich lesen!« — Mutter erzählte auch von ihrer Klavierstunde bei Wunibald Leineweber, der Gummiball Schweineleber genannt wurde. Der Erfolg dieser Klavierstunden ist nur äußerst bescheiden gewesen, den herrlichen Namen des Lehrers wollten wir aber doch immer wieder hören. — In ihrem »Poesiealbum« aus der Schulzeit ließ uns Mutter manchmal eine wundervolle Rose sehen, die ihr geliebter Lehrer Herr Goltermann gemalt hatte. Wir bewunderten staunend das unendlich sorgsam und liebevoll ausgeführte Blatt, und daß es Mutter viel bedeutete, das spürten wir auch.

Von Mutters Geschwistern blieben alle, außer Agnes, die als unsere liebe Tante Anni in Itzehoe in unserm Leben eine so große Rolle gespielt hat, dem Leder verhaftet: Carl und Friedrich führten später die väterliche Fabrik weiter, und da diese einen sehr guten Ruf gehabt haben muß, traten mehrfach Söhne anderer Lederfabrikanten lernend als Volontäre in sie ein. Das aber hatte zur Folge, daß der eine derselben, Fritz Wehl, Mutters ältere Schwester nach Celle heimführte; und ein anderer, Otto Drosihn aus Aschersleben, die fröhliche Pauline freite, womit sich also die Familie auf zwei weitere Lederfabriken ausdehnte!

Ob Herrn Goltermanns Rose dazu beigetragen hat, daß in Mutter der Wunsch wach wurde, Malerin zu werden, weiß ich nicht. Natürlich lag dieses Verlangen, als es ernsthaft wurde, jenseits jeder Familientradition. Sie hat es nicht leicht gehabt, ihren Weg zu gehen. War die Ausbildung für einen Beruf für ein junges Mädchen wohlsituierter bürgerlicher Kreise ohnehin schon nicht gerade üblich, so wurde Hermines Neigung vollends als etwas Abwegiges und Sonderbares angesehen. Gewiß, daß ein junges Mädchen »Malstunden« erhielt, war an der Tagesordnung, und wenn es diesen mit besonderem Eifer oblag, so mochte man das gutmütig geschehen lassen. Selbst das wurde noch zugestanden, daß Hermine zu einem besseren Unterricht nach Hannover fuhr, als das Heimatstädtchen Walsrode und das nahe Celle nicht mehr die Möglichkeiten der erstrebten Förderung boten. — Aber aus dem Umgang mit Pinsel und Farben einen ernsthaften Beruf machen — wozu denn? Das ging doch etwas zu weit! — Hermine trat mit ihren Neigungen überhaupt etwas aus der soliden Reihe; so zum Beispiel, indem sie zu einer Zeit, die das Wort »Amateurphotographie« noch kaum kannte, einen photographischen Apparat anschaffte, einen jener riesigen Holzkästen, mit denen man die Aufnahmen auf einer Plattengröße von 18 × 24 cm machte und bei der meist nach Minuten zählenden Belichtung das Objektiv durch eine sammetgefütterte Lederkappe öffnete und verschloß. Zur Benutzung eines solchen Apparates hatte Hermine ihr hannoverscher Lehrer geraten, um malerische Motive nicht nur durch den Pinsel oder Zeichenstift festhalten zu können. Da gab es denn manchen Auflauf neugieriger

Zuschauer, wenn das junge Mädchen inmitten von Ortschaften das hölzerne Stativ aufstellte, den grauen, auf dem Rücken zu tragenden Koffer auspackte und, nachdem der gewaltige Apparat umständlich montiert war, schließlich unter einem schwarzen Tuch verschwand, um das Motiv auf der Mattscheibe einzustellen. Die Aufnahmen, die sie machte, waren aber auch hervorragend, denn alles was Mutter tat, tat sie ganz; auch sämtliche zur Photographie gehörigen Arbeiten von Entwickeln bis zum Kopieren hatte sie gründlich erlernt. Noch heute lassen die Bilder, so verblichen sie leider sind, ihre Meisterschaft erkennen.

Schon als sie ein Schulkind war, hatte Hermine den Vater verloren; so war sie unter der Obhut der Mutter und des ältesten Bruders Carl herangewachsen. Auf beider Verlangen mußte sie, ehe sie sich weiterhin und ganz der Malerei widmen durfte, als Vorbedingung eine vollständige Ausbildung als Krankenschwester durchlaufen. An diese nicht leichte Schule innerer Reife unter der strengen Hand der Diakonissinnen in Hannover hat sie später nur in Dankbarkeit zurückgedacht.

Als Malerin arbeitete sie dann unter der Leitung von Paul Koken in Hannover weiter, bis dieser ihr riet, nun noch zur Abrundung der Studien für eine Weile nach München zu gehen.

München — die Metropole der Kunst! — Mutter

hat oft davon erzählt, mit welchem Selbstvertrauen ob des bereits erreichten Könnens sie die große Reise antrat, hatte sie doch nicht nur reichliches Lob ihres hannoverschen Lehrers, sondern auch das Glück genossen, in der Ausstellung eines ihrer Bilder verkauft zu sehen.

»Zeigen Sie mal her was Sie haben«, hieß es dann in München; und nachdem sie die mitgebrachten Sachen ausgebreitet hatte: »Naturstudien sollen das sein? Auswendig hingeschmiertes Zeug ist das!«

O weh, das war ein harter Schlag von der tüchtigen Malerin Tina Blau, in deren Klasse Mutter nun eintrat! Aber der grobe Dämpfer war gesund und hat nicht entmutigt.

Mutter wurde von Tina Blau als erstes vor den abgesägten toten Ast eines Apfelbaumes gesetzt, — mit Kohle in großem Format zu zeichnen — und kam sich anfangs dabei vor wie die unglücklichen Hühner der Witwe Bolte, denen es ebenso ging:

> »Ach sie blieben an dem langen
> Dürren Ast des Baumes hangen!«

Aber dieser dürre Ast hat sie vieles gelehrt. Noch in späten Jahren hat sie uns dessen Abbild nicht ohne Stolz als Markstein eines neuen Anfangs vorgeführt. Das war nun *wirklich* eine Naturstudie: jede kleinste Krümmung, jede Narbe abgestoßener Seitenzweige, jedes Schülperchen der Rinde, — alles, alles war da, so wie es gewachsen. — *So* hat man damals die angehenden jungen Künstler als erstes zu getreuer Beobachtung und Ehrfurcht vor der Natur erzogen. Und mit Ehrfurcht haben auch wir Kinder Mutters dürren Ast manches Mal betrachtet.

Im Jahre 1895 war im Münchener Glaspalast die denkwürdige Ausstellung der Worpsweder gewesen, die den jungen Malern einen in der Geschichte der neueren deutschen Malerei fast einzigartigen Erfolg brachte. Namentlich bei der jungen Generation der Münchener Künstler hatten die Bilder aus dem Teufelsmoor einen ungemein starken Eindruck hinterlassen. Als 1896 wiederum Werke der Worpsweder in München gezeigt wurden, war es vor allem ein »Mondaufgang im Moor« von Fritz Overbeck, der es Hermine Rohte angetan hatte. Ein Bild, gegenständlich von großer Einfachheit, welches tiefe Ruhe atmet, gepaart mit leiser Schwermut, die sich in der Stunde zwischen Tag und Nacht über die Moorniederung breitet, indes der noch blasse Mond aus Wolkenschleiern emporsteigt.

Sicherlich kam zu der malerischen Qualität noch etwas anderes, nämlich die norddeutsche Heimat, die hier mit altvertrauten und doch neuen Tönen so mächtig zu der seit Jahren in München lebenden Hermine Rohte sprach, daß es wie eine Offenbarung über sie kam, an welchen Quellen ihr eigenes Streben Erfüllung suchen müsse. – Wie sie dann nach Worpswede ging, wurde schon gesagt. Nachdem sie

dort in den Sommermonaten als Schülerin von Overbeck gemalt hatte, verlobte sie sich mit ihm im Oktober 1896. — Noch ist ein Telegramm vom 7. April
des folgenden Jahres erhalten, das Overbeck an die
damals bei ihrer Schwester in Itzehoe weilende Braut
sandte — zwei Worte nur: »Erster Spatenstich!« —
Der Bau des gemeinsamen Worpsweder Hauses hatte
begonnen, und als es im Herbst des gleichen Jahres
fertig war, fand am 8. Oktober die Hochzeit statt.

So reich an Glück die Verlobungszeit und die jungen Ehejahre waren, als Schatten fiel doch darauf, daß
unseres Vaters Mutter mit der Wahl des Sohnes wenig einverstanden war. Daß dieser Maler geworden
war, darein hatte sie sich allmählich gefunden; ihr
Zweifel, ob es überhaupt etwas rechtes sei, was er
zuwege bringe, ob er einen einigermaßen gesicherten
Weg gehe, war ja wohl durch den offenkundigen
Ruhm der Worpsweder widerlegt worden. Daß aber
die Braut nun auch noch Malerin sein mußte und
sogar bleiben wollte, — das war der Pinselei doch zu
viel im Hause! Ein Frauenzimmer — zwar aus sehr
achtbar solidem Hause —, das nicht geneigt war, in
der Ehe ihren absonderlichen Beruf aufzugeben, das
vielmehr im neuen Hause ihr eigenes Atelier haben
sollte, das eine forsche Schwimmerin, eine elegante
Schlittschuhläuferin war, das — dem Vernehmen
nach — auf der Kegelbahn ihren Mann stand und
manchmal sogar Zigaretten rauchte, — wie konnte

denn aus einem so verdächtig veranlagten Wesen eine ordentliche Hausfrau und Mutter werden?

Daß die Braut selber Möbel für die künftige Einrichtung entwarf, daß sie eigenhändig Wände strich und tapezierte, hätte ja eigentlich im hohen Grade für hausfrauliche Fähigkeiten sprechen müssen, wurde aber von unserer Großmutter nur als weitere Absonderlichkeit unter den übrigen unbürgerlichen Eigenschaften angesehen.

Für Mutter wie auch für Vater war diese Einstellung unserer Großmutter oft recht schmerzlich; — später hat diese freilich eingesehen, wie sehr sie die Schwiegertochter verkannte und hat ihr die fürsorglichste Liebe zugewandt.

Als Malerin war unsere Mutter in den ersten Jahren ihrer Worpsweder Zeit rasch und bedeutend herangewachsen, und wenn Fritz Mackensen sagte, daß Frau Overbecks Sachen ihn oftmals mehr interessierten als die ihres Mannes, so durfte solches Urteil sie wohl stolz und hoffnungsvoll machen.

Im Wohnzimmer meines jetzigen Hauses hängt ein größeres Bild, das die Signierung »H. Overbeck-Rohte, Worpswede 1899« trägt. Ein Hohlweg im Vorfrühling ist es, mit grasigen Hängen und noch kahlen Bäumen in seidenblauer Märzluft, — und oft kommt mir Mörike dabei in den Sinn:

Veilchen träumen schon,
Wollen balde kommen.

Horch, von fern ein leiser Harfenton, —
Frühling, ja du bist's,
Dich hab ich vernommen.

In späteren Jahren hat unsere Mutter gesagt —
aber ich hätte es ohnehin gewußt —, daß sie dieses
Bild, aus dem der ganze Frühlingsglaube jubelt, in
der glücklichsten Phase ihres Lebens gemalt habe,
— zu einer Zeit, in der sie spürte, in der Kunst wirklich etwas leisten zu können, in der ihr alles Glück
der jungen Ehe geschenkt war und ihr erstes Kind —
das war ich — in der Wiege lag.

Overbecks Haus in Worpswede — heute steht es
nicht mehr — war ein Mittelpunkt schöner Geselligkeit, eines unkonventionellen Verkehrs zwischen
Freunden, meist Malern, die einander etwas zu sagen
hatten. Doch hat das alles nur wenige Jahre ge-
dauert. Bald nach der Geburt des Schwesterchen
Gerda, im Jahre 1903, erkrankte unsere Mutter. Die
Schwindsucht war damals erschreckend verbreitet
in Worpswede und in den umliegenden Moorniederungen, und als Mutter wußte, wie es um sie stand,
war ihr erster Entschluß, uns Kinder aus dem Hause
zu geben; sie hätte es nicht über sich gebracht, uns
durch ihre Nähe oder gar durch mütterliche Zärt-
lichkeit zu gefährden. So wurden Klein-Gerda und
ich zu Tante Anni und Onkel Okku nach Itzehoe gebracht, die uns betreuten, wie es Eltern nicht liebevoller hätten tun können. — Für Mutter aber folg-

ten nun Jahre des Aufenthalts in Heilstätten, erst im Mittelgebirge, dann im Hochgebirge, — Jahre der Trennung von Mann und Kindern, während die Hoffnung auf Heilung immer wieder durch Rückschläge bitter genug gedämpft wurde.

Vaters Briefe an seine kranke Frau zeugen von unendlicher Liebe und Fürsorge. Empfindend, wie wichtig es ist, die Entfernte auch an den kleinen Dingen seines täglichen Lebens teilhaben zu lassen, berichtet er von diesen — oft recht humorvoll — ebenso getreulich wie von den Problemen seiner Arbeit und deren Fortgang. — Wie viele Bücher wählt er für sie aus; wie viele für den Liegestuhl geeignete Tätigkeiten sucht er anzuregen, da es ja nicht allein beim Lesen bleiben kann! Und immer findet er Worte der Ermutigung und des Vertrauens in die Zukunft, mit denen er ihrer beider Geduld zu stärken weiß.

Manchmal war er für etliche Wochen bei ihr, mietete sich ein Zimmer in Mutters Nähe, malte auch dort, im übrigen aber war es für Vater ein einsames, um so mehr der Arbeit hingegebenes Leben im häufigen Wechsel des Aufenthalts, den er bald im still gewordenen Worpsweder Haus, bald bei seiner Mutter in Bremen, bald an der Nordsee auf Sylt und schließlich auch in den Alpen nahm. Es waren für den rastlos Arbeitenden Jahre von besonderer Bedeutung für seine künstlerische Entwicklung. Nicht allein der Wechsel vom Objekt, zwischen der heimatlichen Landschaft um Worpswede, dem Meer, den ernsten Dünen, der freundlichen Anmut des Mittelgebirges und der großartigen lichten Welt der Alpen ließ ihn zum weitaus vielseitigsten der »Alten Worpsweder« werden. Mit dem Erkennen, daß seine Kunst sich überall und überraschend schnell mit der Landschaft auseinandersetzen könne, verfügte er bald auch über eine ungemein weite Skala der Ausdrucksmittel, wobei eine gelockerte, großzügige Malweise mehr und mehr in den Vordergrund trat. — Ich habe oftmals das große Verwundern verständiger Betrachter darüber erlebt, daß derart verschiedene Werke, wie ich sie ihnen zeigte, alle von Fritz Overbecks Hand stammen sollten, — entsprachen sie doch in der Gesamtheit durchaus nicht der Vorstellung, daß man sich von einem »der Scholle verhafteten Worpsweder« gemacht hatte.

Schon im Sommer 1904 gingen unsere Eltern mit dem Gedanken um, ihr liebes Haus aufzugeben. Obgleich auch andere Gründe mitsprachen, war doch die Sorge um Mutters Gesundheit das Entscheidende für den Entschluß, Worpswede zu verlassen. Es wurden Pläne geschmiedet, sich gemeinsam mit den Freunden Schroeters in Borgfeld-Kattrepel anzusiedeln, auch Bremen-Horn und Lehe wurden erwogen; doch fiel Vaters Wahl schließlich auf ein gerade günstig zum Verkauf stehendes Landhaus mit herrlichem großem Garten, Wald und Wiese bei Vegesack.

Aus Vaters Briefen ist ersichtlich, wie neben der Freude über den neuen Besitz doch auch sehr die Gewissensfrage laut wurde, ob denn das alles nicht viel zu großartig für ihn sei, der stets an sparsame Haushaltsführung und bescheidene Verhältnisse gewöhnt war.

Nachdem Vater im Frühjahr 1905 einen Umbau und zugleich eine bedeutende Vergrößerung des Hauses hatte vornehmen lassen, fand im Sommer der Einzug statt. Davon ist bereits erzählt worden. — Mutters Gesundheit schien um diese Zeit so weit gekräftigt, daß sie aus dem Sanatorium heimkommen konnte. Gemalt freilich hat sie kaum mehr; eine sehr vorsichtige Lebensweise mit Liegekur im Garten, im Walde und auf der herrlichen Veranda ließ ihr außer der Überwachung des Haushaltes nicht viel Kraft übrig. Dennoch war es eine glückliche Zeit, — nicht wie in Worpswede mit seiner bewegten Geselligkeit, dafür aber um so mehr im Kreise der Familie beschlossen.

Im Herbst 1908 machte Mutters Gesundheitszustand erneut eine längere Kur erforderlich. Sie ging nach Davos. Wir Kinder wurden wiederum zu Tante Anni und Onkel Ocku nach Itzehoe gegeben, und ich ging dort zum zweiten Mal zur Schule, diesmal als Sextaner und Quintaner.

Der Winter ging dahin, der Frühling kam, und als die Bäume grün geworden waren, hieß es, Mutter kehre nun aus Davos zurück, und bald dürften auch wir Kinder nach Hause zu den Eltern reisen.

Nach Mutters Heimkehr aus den Alpen sind unsern Eltern dann noch drei Tage miteinander vergönnt gewesen. Es war Anfang Juni; das ganze Haus hatte Vater mit Blumen aus dem Garten und jungem Buchengrün geschmückt, der geliebten Frau zum Empfang, — sich selber zum Tode. Erst 39 Jahre alt erlag er einem Schlaganfall.

Meine Schwester war 6 Jahre, ich fast 11 Jahre alt, als unser Vater starb. — Daß wir ihn verloren, wäre nicht richtig gesagt, denn in den ganzen folgenden Jahren war es doch, als weilte er noch unter uns. Von den Wänden sprachen seine Bilder, sein lebensvolles Selbstporträt folgte uns prüfenden Blickes mit den Augen; das letzte große Bild, noch unvollendet, stand auf der Staffelei im Atelier, dort hing auch seine Palette mit den aufgesetzten Farben, dort standen die Töpfe mit Pinseln, lag seine Zigarrentasche auf dem Tisch, und die Pfeife in einer perlmutterschillernden großen Muschelschale, — und das blieb auch für lange Zeit alles so, wie Vater es verlassen. — Ich glaube, er hat unserer Entwicklung noch lange den Weg gewiesen, und es ist wohl der gleiche Weg gewesen, auf dem uns auch unsere Mutter führte. Ich vermag die bildenden und erzieherischen Einflüsse beider Eltern kaum mehr voneinander zu unterscheiden und kann mich auch nicht erinnern, daß sie sich vor unsern Ohren jemals widersprochen hätten, wenn es um die Kinder ging. —

Mit unseres Vaters Tod trat in Mutters Wesen der schwerblütige Anteil ihrer reichen Veranlagung stark hervor. Wenn später ihr Humor und kluger Witz gelegentlich auch wieder hervorbrachen, wenn schließlich auch ein guter Teil Lebensfreude zurückkehrte, so dürfte der Fernerstehende in ihr doch wohl eine recht andere Persönlichkeit gesehen haben als es die junge Frau in der Worpsweder Zeit gewesen sein muß. Noch lange Jahre angegriffener Gesundheit, ein Übermaß an Arbeit in Haus und Garten mit immer bescheidener werdenden Mitteln, die Sorge für die heranwachsenden Kinder, ließen ihr selten noch Kraft und Zeit, zu den Pinseln zu greifen. — Wie sehr, wie brennend sie aber bis in ihr Alter immer wieder das Verlangen nach dem Malen überkam, das habe ich freilich oft gespürt. Auf manchem Spaziergang, den wir zusammen machten, wurde sie von der Schönheit der Gotteswelt — und sie wußte diese im Großen wie im Kleinen zu sehen — ebenso schmerzhaft wie beglückt überwältigt, — schmerzhaft, weil sie auf ihre Kunst hatte verzichten müssen.

Nach Mutters Tode, sie ist 68 Jahre alt geworden, haben wir im Atelier gesichtet und aufgeräumt. Versteckt hinter Werken unseres Vaters fanden wir einen Stapel von Bildern und Studien, meist in der

Worpsweder Zeit gemalt und nur durch ein mit Bleistift geschriebenes kleines »H.O.« als von Mutters Hand stammend gekennzeichnet. Sie, die immer hinter dem Werk ihres Mannes zurücktreten wollte, hat diese Arbeiten nie gezeigt, hat uns in ihrer Bescheidenheit nie davon gesprochen. Und doch waren Perlen darunter, Bilder von einem Können, von einer Innerlichkeit feinen Empfindens, die tief zu Herzen ging. Wir standen erschüttert: Welch eine wunderbare Malerin ist Hermine Overbeck-Rohte gewesen!

Fritz Th. Overbeck

# Kattenhorns Pferd

Fabeleien
um das alte Worpswede

Zum Geschichtenerzähler muß man geboren sein;
Fritz Th. Overbeck, Sohn des bekannten Worpsweder
Malers, gehört zu den Erzählern dieser Art. Darum
ist man sofort gefangen, wenn er beginnt, von
Worpswede und von »Kattenhorns Pferd« zu fabu-
lieren, das zu gern einmal zum Schützenfest gehen
möchte. Was einst als Kinderbuch gedacht, erfreut
heute fast mehr noch die Schar jener Erwachsenen,
denen echter Humor eine ernste Sache ist. Man
kommt überhaupt nicht dazu, sich zu wundern, denn
über den Geschehnissen liegt ein Hauch von Märchen.

# Die erfolgreiche Reihe · Land hinterm Deich